Dawidowski | Literarische Bildung

Bildung und Unterricht

Christian Dawidowski

Literarische Bildung

Reclam

RECLAMS UNIVERSAL-BIBLIOTHEK Nr. 14191
2022 Philipp Reclam jun. Verlag GmbH,
Siemensstraße 32, 71254 Ditzingen
Gestaltung: Cornelia Feyll, Friedrich Forssman
Druck und Bindung: Eberl & Koesel GmbH & Co. KG,
Am Buchweg 1, 87452 Altusried-Krugzell
Printed in Germany 2022
RECLAM, UNIVERSAL-BIBLIOTHEK und
RECLAMS UNIVERSAL-BIBLIOTHEK sind eingetragene Marken
der Philipp Reclam jun. GmbH & Co. KG, Stuttgart
ISBN 978-3-15-014191-5

Auch als E-Book erhältlich

www.reclam.de

Inhalt

Einleitung

Literarische Bildung?[1] Ein Anachronismus in einer digitalisierten Welt? Nur Hauswirtschaftslehre scheint da noch unangemessener für die Schule der »digital natives«. Immerhin gibt es den Eintrag »Bildung, literarische« von Nikolaus Wegmann im renommierten *Lexikon Literatur- und Kulturtheorie*, der dem Begriff ein »emphatisches Verständnis der Lit.« unterstellt,

> »das in Opposition zu einer nur funktionalen Ausbildung zwei Behauptungen über die Wirkung von Lit. macht: (a) aus der Lektüre literar. Werke resultieren gravierende positive Effekte auf den Leser als Person; (b) für die lit.gestützte Selbst-Formung gibt es keinen gleichwertigen Ersatz.« (Nünning 2008, 70)

Wenngleich Wegmann im Artikel betont, dass man heute »in der Einschätzung des Phänomens unentschieden« (ebd.) sei, nutzte Ulf Abraham 2014 unter anderem diesen Artikel (freilich auch die sinkenden Quoten von VHS-Kursen zur Literaturvermittlung), um »literarische Bildung« als Zielvorstellung für den Deutschunterricht als Überforderung von Schule zu klassifizieren. Stattdessen solle man sich beschränken auf die Vermittlung von: Kanonkenntnissen, literaturbezogenen Fähigkeiten und (affirmativen) Einstellungen, kultureller Teilhabe und Selbstreflexion, ästhetischer Wahrnehmung der Literatur (vgl. Abraham 2014). Hier ist offensichtlich die Trennschärfe zum Begriff der »literarischen Bildung« kaum gege-

1 Der Begriff wird im Folgenden mal mit, mal ohne Anführungszeichen geführt. Nicht immer trennscharf, soll dadurch dennoch angedeutet werden, wenn »literarische Bildung« (mit Anführungszeichen) als ein Konstrukt, eine Zuschreibung verstanden wird.

ben – umso brisanter wird der Fall allerdings, wenn 2019 ausgerechnet der Herausgeber des o. g. Lexikons vehement und mit Schärfe die Rückkehr zu dem einfordert, was auf den folgenden Seiten als »literarische Bildung« definiert werden wird. Nünning akzentuiert »die ungebrochene Aktualität von Wilhelm von Humboldts Bildungstheorie« (Nünning 2019, 216), er fordert für die Lehrerbildung, »Menschen Bildung durch aktive Beteiligung am Prozess der wissenschaftlichen Erkenntnisgewinnung zu ermöglichen« (ebd., 217), auch durch Zeitgewinn, denn literarisches Lesen gehorche »ästhetischen Eigenzeiten« (221), weniger dem »Paradigma der Digitalisierung« (ebd., 226). Lehrerbildung solle sich daher »an humanistischen Menschenbildern orientieren« und den »persönlichkeitsbildenden Wert« (ebd., 231) stärken.

In dem Jahrzehnt zwischen 2010 und 2020 scheint in Bildungsinstitutionen einiges passiert zu sein, damit es zu einer solch konträren und vehementen Auseinandersetzung und auch einer teilweisen Reanimierung vormals »erledigter« Begriffe gekommen ist. Tatsächlich ist dies der Zeitabschnitt, in dem die durch die PISA-Studie initiierten Schulreformen und auch die Bologna-Reform an Universitäten mit einer durchgreifenden Digitalisierung erste Resultate in Gestalt von Absolventen hervorbrachten. Hier wurde offenbar, dass vieles, was sich zuvor nur andeutete oder geahnt wurde (beispielsweise im Begriff der »digital natives«), nun Realität geworden war. Wenn Nünning nun für offenen »Widerstand gegen unsinnige Anordnungen und Fehlentwicklungen« (ebd., 235) plädiert, steht wiederum – wie so oft in der deutschen Bildungsgeschichte – der Bildungsbegriff selbst zur Diskussion.

Die folgenden Ausführungen wollen an dieser Stelle eingreifen, allerdings nur mit Bezug auf den Umgang mit Literatur an Schulen. Sie sind auch als ein Plädoyer für den Erhalt literarischer Bildung zu verstehen, bemühen sich allerdings auf der

Basis historischer und empirischer Forschung um abwägende Argumentation. Wenn jüngst auch rein literaturdidaktische Publikationen unter dem Titel *Literarische Kompetenz messen, literarische Bildung fördern* (Boelmann/König 2021) die Vereinbarkeit beider Haltungen belegen, kündigen sich darin neue Tendenzen an. Die folgenden Ausführungen zeigen im ersten Kapitel, dass »literarische Bildung« in der Schule des 19. Jahrhunderts alles andere als »mehr Lametta« war, um es salopp zu formulieren. Im zweiten Kapitel versuchen sie, den Bildungsbegriff auf seine sozialen Zwecke hin zu durchleuchten (Statussicherung, soziale Distanzierung) und die Funktion des Literaturunterrichts dabei zu erhellen. Das dritte Kapitel zitiert viele aktuelle empirische Studien, die mit dem literarischen Lesen bei »digital natives«, ihren LehrerInnen und im Unterricht zu tun haben, um auf dieser Basis im vierten Kapitel zu Schlussfolgerungen für die Praxis des Literaturunterrichts zu kommen. Der kurze Epilog ist als Ergänzung zu verstehen, die erläutert, warum Bildungskonzepte insbesondere in Krisenzeiten für die Entstehung und Reifung von Persönlichkeiten eminent wichtig sind.

Die Notwendigkeit für solche Überlegungen ist gegeben, und sie ist zwingend. Rechnet man die Dimensionen Persönlichkeitsbildung und ästhetische Wahrnehmungsfähigkeit aus dem Bildungsbegriff heraus (wie es im durch die PISA-Studie propagierten Begriff der »literacy« teils geschieht), werden literarische Texte für den Unterricht zunehmend überflüssig, weil ersetzbar durch pragmatische Texte. Es reicht ein kursorischer und vergleichender Blick in die Textsortenverzeichnisse von Lehrwerken Deutsch/Literatur für die Sekundarstufen I der 1990er Jahre und der Gegenwart, um zu sehen, wie weit dieser Prozess bereits vorangeschritten ist.

Hartmut Rosa und Heiko Christians – um nur zwei zu nennen – haben sich in der jüngsten Vergangenheit aus der Sicht des Soziologen (Rosa) und des Medienwissenschaftlers (Christians) mit diesen Fragen intensiv auseinandergesetzt. Der eine fordert eine »Resonanzpädagogik« (vgl. Rosa/Endres 2016), die vor allem auch die Wirkungen von Kunst und Literatur produktiv in Schulen nutzt, um das Dogma der »Beschleunigung« (so der Titel seiner einflussreichen Schrift) in einer leistungs- und steigerungsfixierten Gesellschaft zu schwächen. SchülerInnen als Menschen zu sehen, das propagiert auch Christians in seinem Buch über Medienbildung (Christians 2020): Der Medienwissenschaftler warnt hier auf der Basis medienhistorischer Forschung vor einer Überschätzung der Leistungen und Folgen digitaler Medien und plädiert für eine Rückkehr zum »langsamen« Lesen literarischer Werke. Es wird Zeit, dass sich die Literaturdidaktik und die Lehrenden in der Literatur als Vertreter der zuständigen Disziplin mit den Entwicklungen ihres Gegenstandes auseinandersetzen. Das vorliegende Buch soll in diesem Prozess Hilfestellung bieten. Es wurde verfasst in der Zeit des Corona-Shutdowns in Deutschland, der zu einer Umstellung der schulischen und universitären Lehre auf Digitalisierung führte. Vieles, was insbesondere im abschließenden Kapitel zur Praxis des Unterrichts im Sinne von authentischer Ko-Konstruktion und Anschlusskommunikationen in Lehrerausbildung und Deutschunterricht geäußert wird, wurde damit schlagartig hinfällig, denn ohne eine reale Begegnung werden davon nur Schlacken bleiben. Eventuell zeigt uns jedoch gerade der Entzug, wie wertvoll das vorschnell »Erledigte« sein kann.

1 Entstehung und Entwicklung von »literarischer Bildung« als Ziel des Deutschunterrichts

Adelbert von Chamissos Ballade *Die Weiber von Weinsberg* war im 19. Jahrhundert ein beliebtes Gedicht, das in vielen Lesebüchern abgedruckt war. In aller Regel las man es in 9. Klassen (nach heutiger Zählung) verschiedener Schulformen, also mit etwa 14–15-jährigen. Es schildert eine Anekdote um die Belagerung Weinsbergs 1140 durch den ersten Hohenstaufen, König Konrad, und die angesichts der Hungersnot und der drohenden Niederlage unternommene List der Frauen. Ihre Bitte um freien Abzug quittiert Konrad wie folgt: »Die Weiber mögen abziehn, und jede habe frei / Was sie vermag zu tragen und ihr das Liebste sei«. Am Folgetag erscheinen die Frauen vor dem Tor, und »[t]ief beugt die Last sie nieder, die auf dem Nacken ruht / Sie tragen ihre Eh'herrn, das ist ihr liebstes Gut.« Konrad gibt es zu, denn »war es nicht die Meinung, sie haben's gut gemacht! / Gesprochen ist gesprochen, das Königswort besteht / Und zwar von keinem Kanzler zerdeutelt und zerdreht.« Vom heutigen Standpunkt her erscheint die Ballade humoristisch und stark auf die literarisierte Wiedergabe eines historischen Geschehens bezogen, dementsprechend in metaphorischer Hinsicht simpel und wenig lebensweltlich aktualisierbar. In zeitgenössischen Präparationen (Unterrichtsvorbereitungen für Lehrer) findet man häufig sehr realitätsnahe Vorschläge zur unterrichtspraktischen Realisierung, die uns einen Eindruck vom Literaturunterricht des ausgehenden 19. Jahrhunderts geben, so auch zu diesem Text in Lombergs bekannten *Präparationen zu deutschen Gedichten* (1899), die viele Auflagen erlebten. Hier heißt es zu Chamissos Ballade:

> Die Begebenheit, die das Gedicht erzählt, ist der deutschen Sage entnommen. Sie verherrlicht einen Charakterzug des deutschen Volkes, nämlich die Treue. Diese Treue wird hier zunächst von den Weibern geübt, die mit klugem Sinne ihre Männer vom sichern Tode erretten. Die wackere That dieser Weiber verdient die wärmste Anerkennung, und wir können dem Dichter, der sie in schönen Worten besungen hat, nur unsern Dank aussprechen [...]. Die Treue wird der Sage und dem Gedicht nach aber auch von dem deutschen Kaiser geübt. [...] So hat Kaiser Konrad, wie das Gedicht sagt, das Gold der Krone rein und unentweiht gehalten. (Lomberg 1899, 63)

Für eine didaktische Einordnung dieser Zeilen, die in etwa das leitende Unterrichtsziel wiedergeben, sind vor allem auch die Aufgabenstellungen von Belang, die sehr viele Lehrer der Zeit befolgt haben werden:

> 1. Erkläre folgende Ausdrücke: Winsberg, Staufe, Welf, Kanzler, Degen [...]
> 2. Welcher deutsche Kaiser hat das Gold der Krone nicht rein und unentweiht erhalten? [...]
> 3. Wie rühmt der römische Geschichtsschreiber Tacitus die deutsche Treue? [...]
> 4. In welchen Zeiten hat der Gegensatz zwischen Waiblingen (Hohenstaufen) und Welfen abermals viel Unheil über das deutsche Reich gebracht?
> 5. Nenne Gedichte, die denselben Strophenbau zeigen wie »Die Weiber von Winsberg«! (Ebd.)

Wenn wir über das Konstrukt »literarische Bildung« sprechen, wird uns häufig ein Literaturunterricht der Vergangenheit als leuchtendes Beispiel vorangestellt, als man angeblich nicht nur

8. Und fragt ihr mich nach Namen: Wer, wo und wie und wann?
So wißt: Otto der Zweite, so hieß der deutsche Mann,
Der welsche Schelm und Räuber, der aber hieß Lothar,
Neunhundertachtundsiebzig schrieb man im selben Jahr.

9. Es ist eine alte Geschichte und ist kein neues Gedicht,
Bei Giesebrecht, dem Meister, da lest ihr den Bericht.
Es ist eine alte Geschichte, doch wird sie immer noch neu,
Von welschem Trug und Tücke, von deutscher Kraft und Treu.

Gerok.

13. Die Weiber von Weinsberg. (1140.)

Adalbert v. Chamisso (oder Louis Charles Adelaide de Chamisso de Boncourt), geb. am 27. Januar 1781 auf Schloß Boncourt in der Champagne, gest. in Berlin am 21. August 1838.

1. Der erste Hohenstaufe, der König Konrad, lag
Mit Heeresmacht vor Weinsberg seit manchem langen Tag;
Der Welfe war geschlagen, noch wehrte sich das Nest,
Die unverzagten Städter, die hielten es noch fest.

2. Der Hunger kam, der Hunger! Das ist ein scharfer Dorn.
Nun suchten sie die Gnade, nun fanden sie den Zorn:
„Ihr habt mir hier erschlagen gar manchen Degen wert,
Und öffnet ihr die Tore, so trifft euch doch das Schwert."

3. Da sind die Weiber kommen: „Und muß es also sein,
Gewährt uns freien Abzug, wir sind vom Blute rein!"
Da hat sich vor den Armen des Helden Zorn gekühlt,
Da hat ein sanft Erbarmen im Herzen er gefühlt.

4. „Die Weiber mögen abziehn, und jede habe frei,
Was sie vermag zu tragen und ihr das Liebste sei;
Laßt ziehn mit ihrer Bürde sie ungehindert fort!"
Das ist des Königs Meinung, das ist des Königs Wort.

5. Und als der frühe Morgen im Osten kaum gegraut,
Da hat ein seltnes Schauspiel vom Lager man geschaut:
Es öffnet leise, leise sich das bedrängte Tor,
Es schwankt ein Zug von Weibern mit schwerem Schritt hervor.

6. Tief beugt die Last sie nieder, die auf dem Nacken ruht.
Sie tragen ihre Eheherrn, das ist ihr liebstes Gut.
„Halt an die argen Weiber!" ruft drohend mancher Wicht;
Der Kanzler spricht bedeutsam: „Das war die Meinung nicht."

7. Da hat, wie er's vernommen, der fromme Herr gelacht:
„Und war es nicht die Meinung, sie haben's gut gemacht;
Gesprochen ist gesprochen, das Königswort besteht,
Und zwar von keinem Kanzler zerdeutelt und zerdreht."

Adelbert von Chamisso, »Die Weiber von Weinsberg« (Anfang), in: *Deutsches Lesebuch für höhere Lehranstalten*, hrsg. von Norbert Kohts [u. a.], Vierter Teil (Unter-Tertia), Hannover: Helwingsche Verlagsbuchhandlung, [9]1908. S. 188

mehr, sondern vor allem auch gründlicher und »nachhaltiger« las, also Literatur scheinbar wesentlich stärker mit Person und Charakter zusammenband, so dass mehr »Bedeutsamkeit« für den Einzelnen daraus hervorging. Das obige Beispiel lässt da stutzen. Zum einen natürlich wegen seiner Unterkomplexität für SchülerInnen (gerade in Mädchenschulen las man diesen Text, immerhin sind Frauen die Handelnden, wenn auch nicht individualisiert), zum anderen aber, weil die Aufgabenstellungen ausschließlich die historische Kontextuierung (sogar bei der Begriffsklärung) und dann das Gattungswissen bezüglich des (alexandrinischen) Strophenbaus anzielen. SchülerInnen sollten also a) ein breites historisches Wissen und b) literarische Kenntnisse besitzen. Die eigentliche Interpretation des Textes wurde vermutlich – wenn überhaupt – im kurzen abschließenden Lehrervortrag vorgenommen (ein Interpretationsgespräch im heutigen Sinne gab es damals nicht). Hier geht es dann um folgende, den SchülerInnen zu vermittelnde Schwerpunkte: a) Es gibt eine typisch deutsche Treue, die wir wertschätzen müssen. b) Herausragende deutsche Dichter wie Chamisso verdienen Dank und Anerkennung für ihre schönen Worte. c) Der deutsche Kaiser ist treu und gottesfürchtig. Offensichtlich wird hier das historische Ereignis benutzt, um eine lebensweltliche Anbindung und Aktualisierung durchzuführen – selbstverständlich ganz im Geiste des Kaiserreichs mit einem nationalen, einem christlichen und einem kanonbezogenen Akzent, dabei jedoch stark instruierend und indoktrinierend.

Inwieweit verträgt sich dies mit unseren Vorstellungen über »literarische Bildung«,[2] die meist neben (auch historischem und literaturgeschichtlichem) deklarativen Wissensvorräten auch die Formung des Charakters und der Persönlichkeit bein-

2 Zu Beginn des zweiten Kapitels wird geklärt, welche Vorstellungen dies genau sind.

halten? Zwar wird hier mit Chamissos Ballade Persönlichkeit gebildet, dies geschieht jedoch nicht durch Selbststeuerung oder in der diskursiven Auseinandersetzung mit Meinungen und Personen, sondern durch Zwang und Indoktrination, wobei das Bild des Deutschen in Sage und Historie die Leitlinie für den idealen deutschen Untertan abgibt. In dieser Form arbeiten wir heute nicht mehr mit Literatur in der Schule, dafür aber scheint es häufig, wenn wir aktuelle Aufgabenstellungen in Arbeitsbüchern für SchülerInnen konsultieren, dass sich Unterrichtsmedien in Zeiten der Kompetenzorientierung ganz auf das Messbare konzentrieren, das in unserem Beispiel über das lexikalische, historische und literaturgeschichtliche Wissen in den fünf Aufgabenstellungen abgedeckt wird. Offensichtlich verließ man sich auch im 19. Jahrhundert eher auf diese von der Interpretation kaum berührten Elemente, denn die »Interpretation« überließ man ganz dem Lehrervortrag. Sie war weder diskussionswürdig (oder -fähig) noch in einer neunten Klasse so relevant, dass man sie verschriftlichen müsste (dies änderte sich mit dem deutschen Aufsatz in der Prima, der heutigen Klasse 13, dann maßgeblich). Das literarische Gespräch und das Aushandeln von (zugewiesenen) Bedeutungen ist jedoch – wie auch die ästhetische Würdigung des Textes, der Genuss und das »Gefallen« – wohl ein wesentliches Element von »literarischer Bildung«. Dies fristet auch in der Gegenwart im Rahmen der priorisierten und möglichst weit standardisierten Wissensvermittlung (und der Scheu vor dem Zutagetreten unerwünschter Meinungen, auch vor der Komplexität solcher Unterrichtsgespräche in Zeiten einer kaum noch literarisch sozialisierten Schüler- und Lehrerschaft?) mehr und mehr ein Schattendasein.[3]

3 Siehe dazu das dritte Kapitel, das über die Ergebnisse von Studien informiert, die sich bemühen, den Stand von »literarischer Bildung« in der Schule zu erhellen.

Aber war es jemals anders? Welche Entwürfe gibt es, die »Bildung« als Orientierungsgröße vermessen und bestimmen, die ihr vor allem auch die Literatur und den Umgang mit derselben in der Schule beiordnen? Und inwieweit orientiert sich dann die Schule der Vergangenheit an solchen Vorstellungen – ist sie also ein Musterbeispiel, das uns scheinbar »Literaturfernen« Orientierung geben kann?

Zur Beantwortung dieser Fragen lohnt es sich, auf die Ursprünge des deutschen Bildungsbegriffs im Zusammenhang des humanistischen Denkens zurückzukommen. Der Bildungsbegriff steht in einer spezifisch deutschen Tradition. Bekanntlich ist der Begriff nicht in andere Sprachen übersetzbar; Termini wie *education*, *knowledge*, *culture*, *civilisation* oder *formation classique* haben andere Bedeutungshorizonte als der deutsche Begriff (wenn man in England oder Frankreich von »Bildung« in diesem Sinne spricht, nutzt man in der Regel das deutsche Lehnwort). Die spezifische semantische Dimension des Bildungsbegriffs reicht bis in die Gegenwart mit ihren bildungspolitischen Einflussnahmen auf die Ausrichtung des geisteswissenschaftlichen Fächerkanons. Die Rekonstruktion der Geschichte des deutschen Bildungsbegriffs kann somit dazu beitragen, die Debatten um den Wert der Bildung aufzuhellen und historisch zu fundieren.[4]

Die Schulrede *Von der Ausbildung der Rede und Sprache in Kindern und Jünglingen* hielt Johann Gottfried Herder, der damalige Direktor des Weimarer Gymnasiums, 1796 ebenda; sie erlangte Berühmtheit auch, weil Karl Wackernagel sie 1843 als Anhang in einem der ersten Lesebücher für den Gebrauch an Schulen abdruckte. Hier bestimmt Herder die Rede als »Ausdruck der Seele« (Wackernagel 1843, Bd. 4, 104): »Dies ist die Schule, in welcher die Rede der Menschen gebildet und ge-

4 Vgl. zum Folgenden Dawidowski 2009a.

formt wird« (ebd., 105). Das vermittelnde Medium zwischen Individuum und Gemeinschaft, zwischen Historie und Gegenwart, zwischen Tradition und kultureller Tätigkeit, zwischen Natur und Kunst ist die Sprache; schon von daher ist die zentrale Stellung der Dichtkunst begründet. In Herders *Philosophie der Geschichte zur Bildung der Menschheit* (1774) findet sich direkt zu Beginn das Bildungsideal der Alten – nämlich des Patriarchenalters – umrissen; für Herder »die ewige Grundlage für alle Jahrhunderte der Menschenbildung«:

> *Weisheit* statt Wissenschaft, *Gottesfurcht* statt Weisheit, *Eltern-, Gatten-, Kindesliebe* statt Artigkeit und Ausschweifung, *Ordnung des Lebens, Herrschaft und Gottregentschaft eines Hauses*, das Urbild aller bürgerlichen Ordnung und Einrichtung – in diesem allen der einfachste Genuß der Menschheit, aber zugleich der tiefste – wie konnte das alles, ich will nicht fragen, erbildet, nur angebildet, fortgebildet werden, als – durch jene *stille ewige Macht des Vorbilds*, und einer Reihe Vorbilde mit ihrer Herrschaft um sich her? (Herder 1990, 6 f.)

Hier wird deutlich, wie Herder den Bildungsbegriff in Abgrenzung zum Rationalitätsgedanken modelliert. Wissenschaft und Artigkeit werden zugunsten reiner Liebe und Weisheit abgelehnt, das Theorem der Gottesfurcht wird auch vor allem bei Lessing (in der *Erziehung des Menschengeschlechts*) zu einer Erziehung zur Vernunftreligion statt einer Offenbarungsreligion umgedeutet. Wissenschaft wird damit wie die Artigkeit zu einer bloßen Äußerlichkeit, einer kalten Rationalität, die das Innerste des Menschen und also seine Persönlichkeit nie erreicht. Die Dekadenz seiner Gegenwart – »unser Denken! Kultur! Philosophie!« (ebd., 55) – bestand für Herder in der Trennung von »Kopf und Herz« (66), denn es »muß folgen, daß ein großer Teil dieser sogenannten neuen Bildung selbst würkliche

Mechanik sei […] es ward *Maschine*« (59), »Raisonnement zu unvorsichtig, zu unnütz verbreitet« (63). An solchen Einlassungen wird deutlich, dass der Herdersche Bildungsbegriff »in die Nähe der kommenden, neuen Leitwörter ›Geist‹ und ›Humanität‹« (Bollenbeck 1996, 123) rückt. Dies bringt auch die Unübersetzbarkeit des Begriffs mit sich, der sich in der deutschen kulturellen Tradition jenseits der Begriffe – oder besser: zwischen den Begriffen – von »Wissen«, »Ratio«, »Emotion« oder »Einfühlung« ansiedelt und mehr und mehr zu einem Spezifikum wird. Bei Herder vorgeprägt, im Goetheschen Bildungsroman zur Ausformung gebracht, ist Bildung das, was die »vorgegebenen Anlagen der Individualität zu einer harmonischen Einheit« (ebd., 124) bringt. Bildung ist damit Menschenbildung und Persönlichkeitsbildung; immer ist es das Individuum, das nun nicht mehr als Rädchen innerhalb einer Maschinerie (des Staates beispielsweise) aufgefasst wird, sondern das sich emanzipatorisch die Medien seiner Selbstbildung wählt und Kultur, Sittlichkeit, Religiösität in einem charakterlichen Unikat vereint. Im Zentrum steht also der Mensch in seiner Ganzheit, dem hat sich das kulturelle Medium anzupassen. Wie später bei Humboldt ist es auch bei Herder die Sprache, die als Vermittlerin auftritt; sie wird zum »privilegierten Medium der ›Bildung‹« (Bollenbeck 1996, 125). In der *Abhandlung über den Ursprung der Sprache* findet sich die These, dass »die Sprache *dem Menschen so wesentlich* [ist], *als – er ein Mensch ist*« (Herder 1986, 52). Die Dichtung wird dann zum Kanal, der Natur, Leidenschaft und Handlung transportiert, und der Dichter ist »Überbringer der Natur in die Seele und in das Herz seiner Brüder« (Herder 1986, 94; *Über die Würkung der Dichtkunst auf die Sitten der Völker in alten und neuen Zeiten*).

> Natur, Empfindung, ganze Menschenseele floß in die Sprache und drückte sich in sie, ihren Körper, ab, würkt also durch ihn in alles, was Natur ist, in alle gleichgestimmte, mitempfindende Seelen. Wie der Magnet das Eisen ziehet, wie der Ton einer Saite die andre regt, wie jede Bewegung, Leidenschaft, Empfindung sich fortpflanzet und mitteilt, wo sie nicht Widerstand finden, so ist auch die Würkung der Sprache der Sinne allgemein und im höchsten Grade natürlich. Sie macht Abdruck in der Seele, wie sich dies Bild und Siegel in Wachs oder Leim formet. (Ebd.)

Die Ursprünglichkeit des Sprechens, das untrennbar mit dem Menschsein und der Menschenbildung verknüpft ist, wird bei Herder zur geschichtsphilosophischen Legitimation für eine Sprach- und Dichtungstheorie. Programmatisch wird Herder in *In der Dichtkunst ist Gedanke und Ausdruck wie Seele und Leib und nie zu trennen*. Die im Titel anklingende Einheit von Gedanke und Ausdruck war in »jenen rohen Zeiten« präsent, in denen die Alten noch nicht zum »ästhetischen Gewäsche« neigten, »wo noch die Seele der Dichter, die zu sprechen und nicht zu plappern gewohnt war, nicht schrieb, sondern sprach und auch schreibend lebendige Sprache tönete; in jenen Zeiten, wo die Seele des andern nicht las, sondern hörte und auch selbst im Lesen zu sehen und zu hören wußte« (Herder 1986, 12).

Bildung – so wäre zu resümieren – ist bei Herder *Menschenbildung* durch Vernunft jenseits von Wissenschaft und Ratio, ist *Herausbildung eines Charakters als harmonische Ganzheit* mit Hilfe des Mediums *Sprache*. Sprache wird jedoch nicht als Code zum Transport von Informationen verstanden, sondern Sprache ist lebendiger Bestandteil der Kultur und untrennbar mit dem Menschen verbunden. Sie ist vor allem *gesprochene*, nicht geschriebene Sprache, denn nur in ersterer ist die *Einheit von Gedanke und Ausdruck* gewahrt. In eingangs erwähnter

Schulrede ruft Herder 1796 folgerichtig dazu auf, »in den Schulen sollte […] jedes Edelste und Beste laut gelesen, auswendig gelernt, von Jünglingen sich zur Regel gemacht, und in Herz und Seele befestigt werden.« (Wackernagel 1843, Bd. 4, 106) Das »Edelste und Beste« ist dabei eindeutig bestimmt: Es sind die führenden deutschsprachigen Dichter der Zeit.

Die Rekonstruktion der Fortführung dieses Philosophems über die Inhalte des Bildungsgedankens in den folgenden Jahren besonders bei Goethe und Schiller kann nur in aller Kürze geschehen.[5] Die deutsche Klassik ergänzt und konkretisiert die bei Herder angelegten Gedanken, modifiziert sie aber nicht im Sinne einer Kehrtwende. Wilhelm Meister formuliert in seinem bekannten Brief an Werner im fünften Buch der *Lehrjahre* das Programm der klassischen Bildung: »Daß ich dirs mit Einem Worte sage: mich selbst, ganz wie ich da bin, auszubilden, das war dunkel von Jugend auf mein Wunsch und meine Absicht.« (Goethe 1958, Bd. 4, 401) Mit dem Bildungsroman entsteht eine ganze Gattung, die sich dem Transport des Bildungsdiskurses widmet. Bollenbeck betont, dass »die ›Bildungsvorstellungen‹ des *Wilhelm Meister* mit dem Ideal der Vollkommenheit, der Ausbildung des Inneren am Äußeren, des Maßes, der Harmonie und der praktischen Bewährung dem Bildungsbürgertum zum Vorbild geraten.« (1996, 132) Die Klassik denkt die humanistische Bildung als Entwicklung eines personalen und natürlichen Kerns auf der einen, einer Suchbewegung in Auseinandersetzung mit der Welt auf der anderen Seite. Das Suchen und Ringen mit der Welt formt den individuellen Kern, verformt ihn allerdings nicht gänzlich; so kommt es zur harmonischen Ausbildung aller Anlagen. Stoff und Form, Natur und Vernunft geraten in eine produktive Wech-

5 Vgl. zum klassischen Bildungsgedanken z. B. Vosskamp 1986, Assmann 1993, Hurrelmann 2004.

selwirkung, innerhalb derer sich Humanität zur Universalität, Individualität zur Totalität erweitert. Die Schönheit vermittelt in diesem Prozess, sie führt bei Schiller in den Briefen *Über die ästhetische Erziehung des Menschen* zur Freiheit, bei Goethe eher zur Tat und zur lebendigen Ganzheit des Menschen und seiner Welt im konkreten Bemühen. Das Credo der »Erlösung durch die Tat« formuliert der Oheim im sechsten Buch der *Lehrjahre*: »Alles außer uns ist nur Element, ja ich darf wohl sagen: auch alles an uns; aber tief in uns liegt diese schöpferische Kraft, die das zu erschaffen vermag, was sein soll, und uns nicht ruhen und rasten läßt, bis wir es außer uns oder an uns, auf eine oder die andere Weise, dargestellt haben.« (Goethe 1958, Bd. 4, 515)

Mit Wilhelm von Humboldt, der sich in seiner Schrift *Ueber Göthes Herrmann und Dorothea* (1799) intensiv mit Goethes Bildungsgedanken auseinandersetzte, beginnt die Institutionalisierung des bildungsbürgerlichen Gedankenguts unter neuhumanistischen Vorzeichen. Der aufklärerische Bildungsdiskurs, in den sich Philanthropisten wie von Rochow oder vor allem Johann Heinrich Campe mit ihrer Hinwendung zur bürgerlichen Lebenspraxis, zur Ratio und zum Denken der Toleranz einschrieben, hatte dieser an der klassischen Periode deutscher Dichtung und der Antike, dem Ideal der Persönlichkeits- und der Allgemeinbildung orientierten Strömung letztlich zu wenig entgegenzusetzen. Die philanthropistischen Pädagogen waren der Durchsetzungskraft des Deutungsmusters von Kultur und Bildung, das sich besonders bei den Neuhumanisten im Gefolge Herders und Schillers manifestierte, nicht gewachsen, denn das Bildungsbürgertum hatte sich mit seinen Distinktionsstrategien und der Hochschätzung der Bildung bereits zu sehr etabliert.[6] Im Werk Humboldts finden

6 Vgl. Fuhrmann 1999, 27 ff.; Fuhrmann 2002, 26 ff.; Musolff 1989, 117 ff.

sich die dem Herderschen Bildungsdiskurs innewohnenden zentralen Aspekte der Charakterbildung und der dem Prinzip Sprachlichkeit verpflichteten Bildung wieder. In der *Theorie der Bildung des Menschen* verortet Humboldt den Menschen »im Mittelpunkt« (Humboldt 1959, 24). Der Mensch bemüht sich um seine Erweiterung durch die tätige Auseinandersetzung mit der Welt; angeleitet und gedrängt wird er durch eine »eigene inwohnende Kraft«, einen »innern Drang« (ebd., 25 f.). Eine besondere Rolle fällt dabei der Poesie zu, denn diese »steht zur Bildung des Menschen in einer zwiefachen Beziehung«:

> 1. in einer der *Form*: indem sie Wahrheit und Lehre durch Einkleidung und rhythmischen Ausdruck der Einbildungskraft näher zu bringen sucht;
> 2. in einer des *Inhalts*: indem sie, überall das Erhabenste und Schönste aufsuchend, im Menschen immer das Höchste und Geistigste seiner Natur anzueignen bemüht ist, und ihm beständig vor Augen hält, daß er den vorübergehenden Genuß der dauernden inneren Genugthuung, das Irrdische dem Unendlichen nachsetzen, und im Widerstreit der Neigungen und Pflichten Alles, durch Selbstbeherrschung und Erhebung über das Niedere und Gemeine, dem Adel und der Reinheit der Gesinnung opfern muß. (Humboldt 1959, 73)

Insofern hat die Poesie Einfluss auf die »moralische Bildung« (ebd.) unter den Voraussetzungen der »Anerkennung sittlicher Pflicht« und des Ansammelns von »Kenntnissen im gehörigen Maße« (ebd., 74). Hier kehren als Begründungsstrategien Schillersche Parameter wieder: Dichtung prägt die Menschenbildung in dem Sinne, dass sie das Wahre, Gute, Schöne im Menschen befördert. Über die Form bringt sie die Wahrheit nahe, über den Inhalt das Hohe, Reine und Schöne; so veredelt sie den

Charakter in moralischer Hinsicht. Das Medium der Dichtung, die Sprache, ist so nie bloßes Zeichen für die Dinge, sie ist vielmehr »der Odem, die Seele der Nation selbst« (Humboldt 1990, 6) und hat »mit einem Kunstwerk Ähnlichkeit« (ebd., 10). Die Sprache avanciert zum Bildungsmedium hinsichtlich der Nationenbildung und der Nationalkultur, denn sie trägt »das Gepräge der Eigentümlichkeit der Nation« (ebd., 12) an sich. Die dem Menschen »inwohnende Kraft«, die oben erwähnt wurde, ist ebenfalls der Sprache zu eigen: In der *Einleitung zum Kawi-Werk* definiert Humboldt die Sprache als *Energeia*, als »lebendige Wesenheit« (ebd., 37). »Der innere Sprachsinn« und der Laut, »die Form empfangende Materie«, fassen »in untrennbarer Einheit und immer gegenseitiger Wechselwirkung zugleich eine intellektuelle und sinnliche Kraft in sich« – dies ist »das selbstständig schaffende Prinzip in der Sprache« (ebd., 199 f.). Herders Gedanke von der Einheit von Gedanke und Ausdruck in der Sprache kehrt hier wieder. Die Bestimmung dieses inneren Formprinzips des Systems Sprache hat wie auch bei Herder eine Hochschätzung der Dichtung zur Folge, die als privilegiert erscheint, das Innere des Menschen zu bilden:

> Dichtung und Philosophie aber berühren in einem noch ganz anderen Sinne den innersten Menschen selbst und wirken daher auch stärker und bildender auf die mit diesem innig verwachsene Sprache. Auch der Vollendung in ihrem Fortgange sind daher die Sprachen am meisten fähig, in welchen poetischer und philosophischer Geist wenigstens in einer Epoche vorgewaltet hat, und doppelt mehr, wenn dies Vorwalten aus eignem Triebe entsprungen, nicht dem Fremden nachgeahmt ist. (Humboldt 1990, 91)

Der Königsberger Schulplan institutionalisiert schließlich diesen Bildungsplan im Zuge der Reform des Schulwesens, in-

XII Kanon auswendig zu lernender Gedichte.

Zur Aufnahme in den

Kanon auswendig zu lernender Gedichte

werden vorgeschlagen und sind im Inhaltsverzeichnis mit einem * bezeichnet:

			Seite
1.	Nr. 52.	Der Taucher. Von Fr. Schiller	198
2.	„ 54.	Der blinde König. Von L. Uhland	208
3.	„ 77.	Der Sänger. Von W. Goethe	237
4.	„ 70.	Der Graf von Habsburg. Von Fr. Schiller	226
5.	„ 78.	Des Sängers Fluch. Von L. Uhland	238
6.	„ 120.	Die Teilung der Erde. Von Fr. Schiller	277
7.	„ 81.	Der Schatzgräber. Von W. Goethe	242
8.	„ 98.	Löwenritt. Von F. Freiligrath	260
9.	„ 55.	König Karls Meerfahrt. Von L. Uhland	210
10.	„ 132.	Hoffnung. Von E. Geibel	287

»Kanon auswendig zu lernender Gedichte« von Schiller, Goethe, Uhland und anderen, in: *Deutsches Lesebuch für höhere Lehranstalten*, hrsg. von Norbert Kohts [u. a.], Vierter Teil (Unter-Tertia), Hannover: Helwingsche Verlagsbuchhandlung, [9]1908. S. XII dem die »drei Stadien des Unterrichts: Elementarunterricht [,] Schulunterricht [,] Universitätsunterricht« (Humboldt 1959, 101) »philosophisch« (ebd.) gerechtfertigt werden. Dem Bildungsgang wohnt eine Teleologie inne, denn »das Absolute« (ebd., 102) bleibt der Universität vorbehalten. Hegels *Nürnberger Schriften* (1808–15), die seine Lehrpläne und die Gymnasialreden umfassen, zeugen von dieser raschen Institutionalisierung des neuhumanistischen Bildungsplans und brechen ihn auf die schulische Realität des 19. Jahrhunderts herunter. In diesem Kontext ist Hegels Forderung zu sehen, »daß wir uns die Welt des Altertums erwerben« (Hegel 1970, Bd. 4, 320), besonders aber die »Sprache der Alten« (ebd., 321) durch »das strenge grammatische Studium [...] als eines der allgemeinsten und edelsten Bildungsmittel« (ebd., 323). Zwar forderten bereits die Philanthropisten die Reduktion des Lateinunterrichts zugunsten nationalsprachlicher Bildung, dennoch blieb der Lateinunterricht (zumindest was die passive Beherrschung anbetrifft) weiterhin maßgeblich für das humanistische Gymnasium.[7] Zunehmend gewann der nationalsprachliche Unterricht – der Deutschunterricht – an Bedeutung und geriet zum Kernfach der bildungsbürgerlich geprägten höheren Bildung. So vermerkt Robert Heinrich Hiecke (1842) als einer der ersten Theoretiker des muttersprachlichen Unterrichts nicht nur, »daß die Schüler erst durch die Bekanntschaft mit der vaterländischen Literatur, welche als der klar herausgearbeitete Ausdruck des nationalen Geistes die wahre ideale Heimath ihres Gemüthes ist, in ein bewußteres geistiges Verhältnis zu ihrer Nation sich hineinleben« (Hiecke 1842, 65); vor allem sind es *Bildungsfragen*, die Hiecke zur Etablierung eines »deutschen Unterrichts« mit Texten Uhlands

7 Vgl. zur Geschichte des Lateinunterrichts besonders Fuhrmann 1999, 55 ff.

(»ganz eigentlich unser bürgerlichster Dichter«, ebd., 108), Schillers und Goethes (der »specifische Kern deutschen Wesens«, ebd., 109) aufrufen lassen:

> Es wurde aber oben behauptet nicht nur, daß die deutsche Lectüre (und Interpretation) nothwendig sei, sondern auch, daß sie die natürliche Basis abgebe für alle Bildung, welche in den deutschen Lectionen zu erzielen ist. [...] Worin wird diese Bildung bestehen müssen? In den praktischen Fertigkeiten des guten Lesens, des Verständnisses guter Schriftsteller, des Auffindens treffender Gedanken [...]. (Ebd., 81 f.)

Dichtung und gesprochene Sprache als lebendige Einheit von Gedanke und Ausdruck, so könnte man wiederum mit Herder formulieren, sind der Königsweg der Menschenbildung hin zum absoluten Wissen. Bildung ist Menschenbildung vermittelt durch Sprache und Dichtung, so bestätigt auch Hegel in seinen philosophischen und praktischen Schriften die bei Herder beginnende Argumentationslinie. Darin zeigt sich die Durchsetzungskraft des im Zuge der Nachaufklärung initiierten Bildungsdiskurses insbesondere im Bereich der höheren Schule. In diesen Zeitraum fällt auch Rudolf von Raumers Bestimmung der Aufgaben der Philologie; von Raumer, seit 1852 Ordinarius für deutsche Sprache und Literatur in Erlangen, konstatiert als Ausgangspunkt seiner Beobachtungen, »daß die deutsche Philologie sich mit einem Gegenstand beschäftigt, welcher durch alle Arten von Schulen hindurchgreift, von der untersten Dorfschule an bis zur höchsten Bildungsanstalt des Landes: der Universität.« Diese seien alle »durch unseren Gegenstand vereinigt« (von Raumer 1861, 18 f.), den er zuvor als »die Sprache und Literatur des deutschen Volkes« (ebd., 5), besonders aber als die »kritische Feststellung und das richtige Verständnis der vorliegenden Texte« (ebd., 7) definiert hat.

Wie passen diese Erkenntnisse zur Entstehung des (literarischen) Bildungsgedankens zum eingangs vorgestellten Beispiel, dem Literaturunterricht mit Chamissos *Weibern von Weinsberg*? Legen sie nicht die Freiheit im Umgang mit Texten nahe, die Orientierung rein am literarischen und damit menschenbildenden Faktor von künstlerischer Sprachlichkeit, also Literatur? Immerhin forderte Hiecke bereits 1842 die Interpretation als wesentliches Element im Umgang mit Literatur an der höheren Schule – auf der anderen Seite jedoch gestehen Hegel wie Humboldt bei der institutionellen Umsetzung erst der akademischen Ausbildungsstufe solche Freiheiten zu. Humboldt vermerkt im *Königsberger Schulplan*, »Zweck des Schulunterrichts ist die Übung der Fähigkeiten, und die Erwerbung der Kenntnisse«, das sei »nur Sammeln, Vergleichen, Ordnen, Prüfen usf«. Im Umgang mit Literatur soll der Schüler dahin kommen, »nun mit eigner Anstrengung und mit dem Gebrauche der vorhandenen Hülfsmittel jeden Schriftsteller, insofern er wirklich verständlich ist, mit Sicherheit zu verstehen« (Humboldt 1959, 102). Die oben vorgestellten Präparationen scheinen diesem Ziel zu folgen – ordnen und vergleichen statt interpretieren und kommentieren. Aber wie regelten im Anschluss an die philosophischen Bildungstheorien die Lehrpläne für die höheren Schulen diese Zwecke?

Zunächst muss die Dominanz des höheren Schulwesens erläutert werden. Das Mädchenschulwesen blieb in weiten Teilen sich selbst überlassen und entging den in immer kürzeren Abständen erfolgenden Regulierungen durch neue Erlasse. Erst am Ende des Kaiserreichs erfolgte eine grundsätzliche Neuordnung durch die Zulassung von Frauen zum Abitur (1908) des bis zu diesem Zeitpunkt auch hinsichtlich der Schulformen breit gefächerten Angebots an Töchterschulen. Ähnliches gilt für das niedere Schulwesen, das in Preußen durch den Erlass aus dem Jahr 1872 geregelt wurde. Hier fehlen grundlegende Informationen zu didaktischen Ausrichtungen des Deutschunterrichts, was besonders angesichts der im Verhältnis zu den anderen Schulformen hohen Stundenzahl (12 Wochenstunden Deutsch) zu bedauern ist. Die niedrige Stundenzahl an höheren Schulen (2–3 Wochenstunden) entspricht damit in Praxis kaum der Bedeutung der Didaktiken und teils auch der präzisen Anweisungen und Lektürevorschläge in den Erlassen; auszugehen ist jedoch von einer hohen Wirkungsmacht und Prägungskraft insbesondere der Didaktiken für höhere Schulen auch für andere Schulformen. Das ist an Zeitschriftenartikeln beispielsweise für das weibliche Schulwesen ablesbar, die sich im Falle eines auch theoretischen Anspruchs jenseits reiner Praktikabilität an den Didaktiken des höheren Schulwesens abarbeiten. Im Großen und Ganzen bestimmten das höhere Schulwesen und sein Diskurs also vor allem die Inhalte des Literaturunterrichts und wirkten damit kanonbildend.

Einen Einblick in den Zustand des deutschen Unterrichts bieten die diesbezüglichen Artikel in der *Encyklopädie des gesammten Erziehungs- und Unterrichtswesens*, die in elf umfangreichen Bänden 1862 erschien. Der Artikel *Bildung* (Encyklopädie 1862, Bd. 1, 665 ff.) geht fächerspezifisch vor und setzt dem Deutschen Unterricht die Aufgabe der Nationalbildung als »Liebe zu Volk und Vaterland« (ebd., 681), geht dann jedoch direkt in einen langen Exkurs über, der vor einseitiger Vermittlung von Nationalstolz und schließlich vor einem neuen deutschen Kaisertum warnt: »Man muß wohl zusehen, daß die Jugend nicht mit Gedanken genährt werde, die patriotisch klingen« (ebd., 682). Bereits 1872 erschien die Preisschrift Hugo Webers, die sich insbesondere dem Lesebuch und seiner Stellung an *niederen und mittleren Schulen* widmete. Weber erkennt in der »nationalen Bildung des deutschen Volkes« (Weber 1872, 12), also in der Bildung »zur Idealität, Humanität und

Nationalität« (ebd., 91) die zentrale Aufgabe des Deutschunterrichts, die durch das Lesebuch zu erreichen wäre. Es geht ihm um den »gewöhnlichen Mann«, der durch »gute volksthümliche Lectüre« (ebd., 92) zu gewinnen ist. Dabei steht »deutsche Bildung« im Zentrum, die eben nicht partikular, kosmopolitisch oder konfessionell gebunden ist. Auch das völkische Element soll im Lesebuch gestärkt werden, denn »das deutsche Kind hört bis jetzt im Durchschnitte von Indianern, Kalmücken, Hottentotten etc. mehr, als z. B. von den Bayern, Schwaben« (ebd., 107). So würde das Lesebuch »eine weltliche, eine nationale Bibel« zur Belebung »nationaler Gesinnungen« (ebd., 110 f.). Lesestoffe sind außerdem Volkslied, germanische Sage und deutsches Märchen (nicht das orientalische, das nur aus »wüsten Phantastereien« besteht, ebd., 118), besonders aber die »volksthümlich gewordenen deutschen Vaterlandslieder« von Arndt, Schenkendorf, Geibel, Rückert, Körner. »Einzelheiten aus der Geschichte Israels« sind zugunsten der germanischen Sage wegzulassen, damit das Christentum schließlich »als die Verklärung und Veredelung des Deutschthums« erscheint (ebd., 123). Die Heldensage soll die Jugend »mit Hochachtung vor deutscher Vergangenheit« erfüllen. In solchen Ausführungen erkennt man die Stoßrichtung des eingangs vorgestellten Beispiels eher wieder, insbesondere in ihrer Hochschätzung germanisch-deutscher Tradition.

Die Lehrpläne der *Mädchenschulen* verzeichnen in aller Regel einen liberaleren Umgang mit Literatur, als es in den Knabenschulen der Fall war. 1894 wird den Zielen die »Fähigkeit zum sinnvollen Lesen«, die »Vertrautheit mit einigen Meisterwerken unserer klassischen Literatur« und die »Belebung des vaterländischen Sinnes« vorangestellt (*Centralblatt* 7/1894, 461).

Da nur die *höheren Schulen* zum Abfassen von Schulprogrammen verpflichtet waren, ist über diese Quellengattung

Jahres-Bericht

des

Grossherzoglichen Neuen Gymnasiums

zu Darmstadt

über das Schuljahr 1891/92.

Inhalt: Schulnachrichten.

Darmstadt.
Druck der L. C. Wittich'schen Hofbuchdruckerei.
1892.

1892. Progr. Nr. 625.

Schulprogramm des Großherzoglichen Neuen Gymnasiums Darmstadt von 1892. Universitätsbibliothek Gießen informatives Material gerade auch zum fachlichen Diskurs an der höheren Schule weitergegeben worden. Der Lehrplan von 1882 fordert im allgemeinen Lehrziel die Bekanntschaft mit den »Hauptepochen der Nationallitteratur«, fordert »Lektüre klassischer Werke« und Memorierung (*Centralblatt* 3/1882, 245 f.). In den Erläuterungen heißt es diesbezüglich: »Besonders Werthvolles aus der klassischen Dichtung des eigenen Volkes als einen unverlierbaren Schatz im Gedächtnisse zu bewahren, ist nationale Pflicht jedes Gebildeten; die Schule sorgt für die Erfüllung derselben« (ebd., 249). Diese Zielbestimmung ändert sich maßgeblich nach der Kaiseransprache 1890. Die neuen Lehrpläne setzen den Trend zur Nationalisierung bereits im allgemeinen Lehrziel um, das nun die »Belebung des vaterländischen Sinnes insbesondere durch Einführung in die germanische Sagenwelt und in die für die Schule bedeutsamsten Meisterwerke unserer Literatur« fordert (*Centralblatt* 1892, 213).

Nicht nur im Schulwesen, auch in Erziehungsdebatten der Zeit zeigen sich eine gewisse Zerrissenheit und auch Protesthaltungen: »Kenntnisse sind eben nicht Bildung; Bildung macht reif und frei, Kenntnisse nicht«, tadelt beispielsweise Anton Schönbach 1889 in seiner Schrift *Über Lesen und Bildung* – in der Schule käme im Umgang mit Literatur »die wirkliche Erziehung des geistigen Vermögens der Schüler zu kurz« (Schönbach 1889, 12 f.). Polemisch klagt Jens Christensen 1886 an: *Der moderne Bildungsschwindel in Schule und Familie sowie im täglichen Verkehr* – so der Titel seiner Bildungskritik.

Nach dem Ersten Weltkrieg waren Bildungsreformer bemüht, solche Bildungskritik in einem veränderten Schulwesen ernst zu nehmen. Insbesondere im höheren Schulwesen waren Reformen angesichts der fortschreitenden Nationalisierung jedoch kaum möglich. Humanistische und aufklärerische Bildungsideale wurden negiert: Der Deutschunterricht nahm eine klare Zentralstellung ein, Literaturkunde und »Deutsche Bildung« wurden unterrichtet. Dabei sind die grundlegenden Ziele bereits völkischer Natur: Walther Hofstaetter fordert in seinen Leitsätzen zu Wesen und Aufgaben der Deutschkunde »die innere Einigung unseres Volkes« (Hofstaetter 1926, 1), »gesunde deutsche Menschen zu erziehen«, »Verständnis für das heutige Leben unseres Volkes zu erwecken« und »eine bewusste Einordnung in das Ganze und das Gefühl der Verpflichtung« (ebd., 2) als Ziele deutschkundlichen Unterrichtens. Die Deutschkunde war am Kanon der deutschen Klassik orientiert, erweiterte diesen aber um germanische Sagen und die Literatur der deutschen Romantik. Reformorientierte Gegenbewegungen fungierten als liberale Kräfte: Martin Havensteins *Die Dichtung in der Schule* (1925) wendet sich dem »Erlebnis« und der »Stimmung« der Poesie zu und versteht »Bildung« als »Ausdruck und Gestaltung des eigenen inneren Seins« (ebd., 3). Wenn er auch »deutsche Dichtung als Deutschtum in gedrängtester Form« (ebd., 34) definiert, so will er doch »hinsichtlich der Deutschheit unserer Dichter keine Gradunterschiede machen« (ebd., 35) und fordert Lessings *Nathan* wie auch »fremdsprachige Dichtung« (ebd.) für die Schule, was dem Programm der Deutschkundler zuwiderlief.

Die nationalsozialistische Bildungspolitik konnte so an vieles Vorbereitete anknüpfen. Humanistische Bildung existierte nicht mehr, denn ihre Ziele im Bereich der Menschenbildung waren spätestens durch die Kriegserfahrung diskreditiert worden. Hitler äußert sich zwar in *Mein Kampf* zum »Wert der humanistischen Bildung«, versteht darunter jedoch nun »eine idealistisch veranlagte Volksgemeinschaft« »in verzichtfreudiger Opferbereitschaft« (Hitler 1942, 470) – alles andere ist bloßer »Kulturdünger« (ebd., 476). Dabei erwähnt er die Literatur oder das literarische Lesen nicht, vielmehr geht es ihm um das Fach Geschichte, in dem man die »wirklich bedeutsamen Männer unseres Volkes in den Augen der Gegenwart als überragende Heroen erscheinen lassen sollte«, um dadurch »eine geschlossene Stimmung zu erzeugen« (ebd., 471). Im Zentrum steht »Förderung des Nationalstolzes« – »die ganze Kulturgeschichte muß von diesem Gesichtspunkte aus gelehrt werden« (ebd., 473). Das oft zitierte Fazit lautet: »Es soll kein Knabe und kein Mädchen die Schule verlassen, ohne zur letzten Erkenntnis über die Notwendigkeit und das Wesen der Blutreinheit geführt worden zu sein.« (Ebd., 476) Ulrich Peters konkretisierte diese Auffassung von Bildung 1933 mit Bezug auf den Umgang mit Literatur in der Schule; er betont, »daß eine ›Deutsche Bildung‹ sich keineswegs auf das Gebiet der Kenntnis und Erkenntnis beschränken dürfe, sonders daß sie in gleicher Weise die Reiche des Fühlens, Wollens und Schaffens durchdringen und ordnen müsse« (Peters 1933, 337). Von Literatur ist im Aufsatz keine Rede; stattdessen wird das Ziel von Erziehung definiert als »Bildung zum bewußt deutschen Menschen, der sein Volk nicht nur versteht, sondern auch fähig und willens ist, für sein Volk zu kämpfen und zu leiden« (ebd., 338). Neben dem Fach Sport und der allgemeinen Leibeserziehung behauptete der Deutschunterricht seine Kernstellung im Fächerkanon, er hatte nun aber die Aufgabe, zur Hingabe an »Volksseele«, Führerprinzip und »Schicksalskampf« zu leiten. Formen überfeinerter Bildung und Wissenschaft waren ungewollt: »Es ist nicht notwendig, daß ein Schüler etwas über die Psyche des Hans Castorp oder auch des barocken Menschen aufzusagen weiß« (Ibel 1933, 435) – stattdessen interessiert »der Kampf eines MG-Nestes bis zum letzten Mann« (ebd., 437).

Die Wiederaufnahme des Deutschunterrichts in der Nachkriegszeit gestaltete sich als nahezu unmöglicher Versuch, eine deutsch-nationale Bildungstradition, die über Jahrzehnte währte, zu reformieren und zu säubern. Es fehlte nicht nur an Lehrern, sondern auch an Lesebüchern und an Lehrzielen; erste Methodiken wie die von Ulshöfer propagierten das Ideal des »ritterlichen Menschen«, die in der Schule gelesene Gegenwartsdichtung suchte meist ihr Heil im Religiösen oder in den überzeitlichen Werten klassischer Dichtung. Hier schloss man an, legte teils Lesebücher des 19. Jahrhunderts neu auf oder griff auf Altbewährtes, Deutschkundliches zurück. Lesebücher dieser Zeit tragen Titel wie *Lebensgut*, *Silberfracht* oder *Schauen und Schaffen* – sie ziehen sich zurück in eine bäuerliche Welt, die von religiöser und heimatlich-biedermeierlicher Sinngebung durchwaltet wird. Dennoch markieren die 1950er Jahre das allmähliche Ende nationaler Bildungsideale und verfolgen meist pädagogische Ziele im Zeichen der »Lebenshilfedidaktik«. Erst gegen Mitte der 1960er Jahre beginnt mit den Auschwitz-Prozessen und der Wende von der Methodik zur Didaktik eine neue Phase der Reform, eingeleitet durch die Lesebuch-Diskussion, in der die im Lesebuch dargestellte idyllisch-bäuerliche Lebenswelt der Realitätsfremdheit überführt wurde.

Mit Bezug zu Chamissos *Weibern von Weinsberg* und den begleitenden Präparationen wird damit deutlich: Sie stehen in perfektem Einklang mit den Lehrplänen der Zeit und befördern die Bildung von Nationalstolz und geschichtlichen wie literarischen Kenntnissen, wobei letztere auch wiederum dem nationalen Bildungskanon entstammen. Mit den hohen Zielen der philosophischen Bildungstradition, die bei Herder begann und hier über Goethe, Schiller, Humboldt bis Hegel nachvollzogen wurde, haben sie nur bedingt zu tun. Freilich: Der Gegenstand des Unterrichts ist ästhetisch hoch besetzte muttersprachliche Literatur. Diese wird verstehend gelesen und soll direkt und unmittelbar auf das Individuum (den Schüler) wirken, um die Bildung seiner Persönlichkeit positiv zu beeinflussen. Im Vergleich zum altsprachlichen Unterricht des 18. Jahrhunderts ist dies ein enormer Gewinn, der ohne die vorgestellten Bildungstheorien nie denkbar gewesen wäre. Andererseits:

Die Ballade wird funktionalisiert im Sinne einer Wissensvermittlung (vor allem von historischem Wissen) und einer national orientierten Indoktrination. Ein selbstgesteuerter, genießender Umgang mit Dichtung sieht anders aus. Hier beginnt eine doktrinäre Indienstnahme literarischer Bildung, die in der Weimarer Zeit umkämpft, im Nationalsozialismus dann mit der Abschaffung humanistischer Bildung total wurde. Auch darin werden eventuell Gründe für Vorbehalte gegenüber humanistischen Bildungsentwürfen sichtbar: Sie können (pädagogische und fachliche) Hierarchien festigen und verstärken, in der Folge außerdem leicht im Sinne politischer Einflussnahmen missbraucht werden.

2
Systematische Betrachtung: »Bildung« und »Literatur« im gesellschaftlich-schulischen Zusammenhang

Trotz der oben genannten Vorbehalte gegenüber dem traditionell geprägten Bildungsbegriff spielt »Bildung« eine enorme Rolle in der gegenwärtigen Gesellschaft. Für diese Annahme spricht nicht nur die Flut an Quiz-Shows, in denen das maschinell erscheinende Präsentieren von abseitigem und unvernetztem – also gewissermaßen »totem« – Wissen zum Ausweis von sozialem Erfolg und Ansehen wird. Auch das Vorhandensein von »Bildungszertifikaten« (Zeugnissen, Abschlüssen) wird offensichtlich immer wichtiger in einer Leistungsgesellschaft, in der das fehlende Abitur das soziale Scheitern (Stichwort: Angst der Mittelschicht vor dem sozialen Abstieg) in den Augen vieler Eltern bereits vorprägt. In Ländern mit relevanter Grundschulempfehlung nach der vierten Klasse ist die Erwartungshaltung von Eltern enorm – jenseits der Gymnasialempfehlung gibt es da häufig keine Alternativen. Auch das 19. Jahrhundert kannte solche Auswüchse, um hier noch einmal an historische Tatbestände zu erinnern. Gerade im Kaiserreich entdeckt man viele Ähnlichkeiten zum gegenwärtigen Bildungssystem: den Leistungsdruck, die soziale Distinktion über Abschlüsse, die Bedeutung des Abiturs, die Bedeutung des »toten« Wissens (z. B. die Zitatkultur). Der durch das gymnasiale Schulsystem aufgebaute Druck führte um die Jahrhundertwende gar zu einem großen Anstieg an Schülerselbstmorden (Vergleichbares hören wir heute aus asiatischen Ländern), wovon zahlreiche Schulromane der Zeit Zeugnis ablegen: Robert Musils *Verwirrungen des Zöglings Törleß*, Hermann Hesses *Unterm Rad*, Heinrich Manns *Professor Unrat*, Emil Strauß'

Freund Hein, Friedrich Torbergs *Schüler Gerber*, Rilkes Erzählung *Die Turnstunde* und andere mehr.

Welche Vorstellungen von »Bildung« kursieren also heute in unserer Gesellschaft – und auf welche Weise werden Schule und Lehrerschaft damit konfrontiert? Interessant scheint die Betrachtung zweier eigentlich nicht miteinander vergleichbarer Studien zu Bildungserwartungen und Bildungsvorstellungen bei Eltern und SchülerInnen, vor allem auch im Hinblick auf den Zusammenhang von »Bildung« und Gegenständen wie Literatur, Philosophie, Musik und Religion, die in der im ersten Kapitel nachgezeichneten, bei Herder beginnenden Linie solch eine dominante Rolle spielten. Beide Studien sind im Jahr 2011 erschienen und bilden somit eine schulische Wirklichkeit ab, die bereits deutlich von Reformbewegungen nach PISA beeinflusst ist.

Carsten Rohlfs (2011) untersuchte Bildungseinstellungen bei SchülerInnen der Mittelstufe (alle Schulformen, Jg. 7–9, n = 1700). Sein Ziel war, mit Hilfe von Fragebögen eine Typologie der Bildungseinstellungen zu erstellen, also die subjektive Bedeutung von Schule und schulischer Bildung bei Jugendlichen zu eruieren. Dies ist angesichts des noch geringen Reflexionsgrades in diesem Alter kein leichtes Unterfangen. Er erfragte Positionen wie Schulnoten, Selbsteinschätzung, Schulangst, auch das kulturelle Kapital der Familie. Dabei zeigte sich Erwartbares: etwa 70 % lernen für den Lehrer, 50 %, weil es verlangt wird (Mehrfachnennungen möglich); der Schulabschluss nimmt einen enormen Stellenwert ein (für 90 %). Rohlfs (vgl. Rohlfs 2011, 321 ff.) klassifiziert 60 % der deutschen SchülerInnen als *pragmatisch leistungsorientiert* (sie tun das Nötigste, um das zu erreichen, was verlangt wird, der Elterndruck ist hier hoch, Lesen oder Musik spielen im Leben keine Rolle, es gibt kaum spezifische Interessen an Schulfächern oder ihren Inhalten), dem gegenüber steht eine Minderheit von 12 % (oft Mädchen mit Migrationshintergrund), die Rohlfs als *intrinsisch bildungsbegeistert* bezeichnet (dies sind oft LeserInnen, denen auch das Fach Deutsch sehr wichtig ist). Den Rest von etwa 28 % etikettiert Rohlfs als *desinteressiert* oder *angepasst* (oft männlich, das Fach Deutsch spielt bei ihnen keine Rolle).

Auch wenn sich bei Jugendlichen dieses Alters noch vieles bewegen und umorientieren wird, entspricht diese quantitative Aufteilung sicherlich dem subjektiven Eindruck der meisten erfahrenen Lehrpersonen. Sie dokumentiert ein hohes Maß an Pragmatismus und Formalismus, die wahrscheinlich auch (neben dem Reifegrad der Pubertierenden) dem Selektionszwang des deutschen Schulsystems geschuldet sind. Offensichtlich gelingt es zumindest in der Mittelstufe kaum, SchülerInnen für Fachinhalte zu begeistern, und »klassische Bildungsthemen«, zu denen auch der Umgang mit Literatur gehört, sind (noch) nicht im Horizont der Jugendlichen angekommen. Auch die deutschdidaktische Forschung, die sich mit literarischen Sozialisationsprozessen beschäftigt, weist seit vielen Jahren auf die »Lesekrise« hin, die in diesem Alter (seit der Dominanz digitaler Medien vermehrt) zum Nichtlesen und zum Desinteresse an Schullektüren führt (vgl. zusammenfassend Dawidowski 2016, 84 ff., ausführlich z. B. bei Philipp 2011, Garbe/Philipp/Ohlsen 2009). Insofern kommen die Ergebnisse der Studie von Rohlfs hier nicht überraschend.

Aufschlussreicher werden diese Ergebnisse für den vorliegenden Zusammenhang allerdings dann, wenn wir sie mit Bildungseinstellungen anderer an der schulischen Sozialisation beteiligter Personen betrachten: den Eltern. Bildungseinstellungen, so viel wissen wir aus der empirischen Bildungsforschung,[8] werden zu einem sehr großen Teil »familiär tradiert«,

8 Die beiden hier vorgestellten Studien dienen lediglich der Einführung ins Thema. Andere Studien zum Themenkreis »Bildungsvermittlung in der Schule« werden im dritten Kapitel vorgestellt.

unterliegen also direkten familiären Sozialisationseinflüssen in der kindlichen Erziehung. Dies betrifft vor allem auch den Umgang mit Literatur, also das literarische Lesen. Insofern sind die Erwartungshaltungen der Eltern (dies dokumentiert auch die Lernmotivation der SchülerInnen, siehe oben) von großer Bedeutung.

2011 veröffentlichte das Institut für Demoskopie Allensbach unter Leitung des Bildungsforschers Klaus Hurrelmann die Ergebnisse seiner repräsentativen Studie *Zwischen Ehrgeiz und Überforderung*, die – so der Untertitel – *Bildungsambitionen und Erziehungsziele von Eltern in Deutschland* erhob (Vodafone 2011). Diese Studie arbeitet schichtorientiert. Sie zeigt unter anderem (und völlig schichtunabhängig) die absolute Dominanz des Abiturs als erwünschtem Schulabschluss (ebd., 10), die Erwartung und Gewissheit bezüglich des sozialen Aufstiegs der Kinder (ebd., 12), aber auch die Erwartung bezüglich der schulisch zu vermittelnden Bildungsinhalte. »Bildung« ist in den Augen der Eltern etwas, das »bessere berufliche Chancen« (94 %) und »Aufstiegsmöglichkeiten« (83 %) verspricht (ebd., 5). Damit wird der Bildungserwerb von vorneherein in den Zusammenhang des Broterwerbs gestellt, also recht pragmatisch gedeutet – was absolut nicht zu verurteilen ist, wenngleich auffällt, dass andere Perspektiven gar nicht erst auftauchen. Hier wird dann folgerichtig offenbar, dass die Themen und Inhalte traditioneller Bildungsvorstellungen nur eine deutlich untergeordnete Rolle spielen. Vor allem Literatur oder auch Philosophie und Religion (also Fächer, die Menschen- und Persönlichkeitsbildung anzielen) sind im Blickwinkel der Eltern gar nicht mehr oder kaum Bestandteil schulischer Bildungsziele (15 % halten »Kenntnisse der deutschen Literatur«, 16 % »Kenntnisse in Kunst und Kultur« für einen unbedingten Teil von »Bildung«), dafür spielen dann Computerkenntnisse (42–60 %, je nach sozialer Schicht), »Verständnis für wirtschaftliche Zusammenhänge« (28 %), Fremdsprachenkenntnisse (40–63 %) eine deutlich größere Rolle (ebd., 6 f.). Bei der Beantwortung der Frage, was *nicht* zur Bildung gehört, geben 50 % »[h]andwerkliches Geschick« an, 46 % »Interesse an Philosophie«, 51 % Beschäftigung mit »religiösen Fragen« und 55 %, »[d]ass man ein Musikinstrument spielt« (ebd., 6).

Denkt man nun beide Studien zusammen, erscheinen die MittelstufenschülerInnen auch als eine Verkörperung des Bildungswillens ihrer Eltern. Ihr Desinteresse an Bildungsfragen traditioneller Art und auch ihr Pragmatismus im Schulsystem spiegelt sich in der Erwartungshaltung der meisten Eltern: Schule dient der Qualifizierung für das spätere Berufsleben. Der schulischen Bildungsvermittlung wird hier kaum ein eigenständiger Wert zugemessen. Wie Schule und Lehrerschaft damit heute umgehen, wird das dritte Kapitel zeigen. Wenn man allerdings historisch argumentieren will, scheint alles plausibel und leicht erklärbar: Wir haben es hier mit einer neuen Aktualität philanthropischer (also: aufklärerischer) Bildungsziele zu tun, die im 18. Jahrhundert ebenfalls im Sinne der Gleichwertigkeit aller Menschen zunächst an der Basis operierten und deren Ziel es war, über die allgemeine Alphabetisierung und die religiöse Unterweisung ein Bildungsniveau in der (Land-)Bevölkerung zu erreichen, das dieser ihr Auskommen sicherte und eine moralische Stütze im Alltag gab. Der im ersten Kapitel skizzierte Bildungsbegriff ist im Gegenzug zu dieser Bewegung ein elitärer, denn er forderte einen Stufenplan in der Bildungsvermittlung, wobei die »höheren Weihen« nur (männlichen) Akademikern vorbehalten waren, deren Persönlichkeit allseitig ausgebildet werden sollte.[9] Auch Goethes literarische Figur Wilhelm Meister kommt nicht aus unteren Ständen, die

9 Vgl. zu diesen beiden historisch gewachsenen Bildungstraditionen in Deutschland Wiersing 2015, S. 19 ff.

zu dieser Zeit noch den absoluten Großteil der Bevölkerung ausmachten. Eine Gesellschaft, die von Gleichheit als oberstem Grundsatz ausgeht, muss diesen Bildungsbegriff also relativieren. Offenbar reagiert unsere Gesellschaft auch heute wieder auf Notstände,[10] ebenso wie die Philanthropisten im 18. Jahrhundert, als Armut bereits vor der Industrialisierung jenen drohte, die nicht hinreichend gebildet waren. (Außerdem war der Zwang zu Gehorsam gegenüber Kirche und Staat ein weiterer wesentlicher Grund für Bildungsreformen.) Tatsächlich steigen in unserer Gesellschaft seit 1990 die Unterschiede zwischen oberen und unteren Schichten an, wobei der Bildungsabschluss ein wesentlicher Indikator auch für das grundständige wirtschaftliche Auskommen von Familien ist. (Arbeits-)Migration seit 1970 und die Folgen fehlender Integration in den 1980er Jahren zeigen sich heute massiv – und auch dies hat mit Bildungsbeteiligung zu tun. Analphabetismus und Illiteratismus[11] greifen in den letzten Jahren vermehrt um sich. Insofern ist es nur folgerichtig, wenn gerade DeutschdidaktikerInnen, die für die Vermittlung elementarer Lesefähigkeiten verantwortlich sind, nach der PISA-Studie ein neues Bildungsziel formulierten: Nicht mehr allseitige Persönlichkeitsbildung nach dem Vorbild eines Wilhelm Meister zählt in der postnationalen Gesellschaft, sondern »Teilhabe«. Norbert Groeben und Bettina Hurrelmann identifizierten so das »gesellschaftlich handlungsfähige Subjekt« als Zielvorstellung und Menschenbild »hinter«

10 Den direkten Bezug zum Krisenbewusstsein unserer Gesellschaft stellt der Epilog her.

11 Die fehlende Kompetenz, einen längeren Text (Zeitungsartikel, Buch) verstehend zu lesen. Mehrere Studien der letzten Jahre eruierten trotz einer wahrscheinlich kaum auflösbaren und hohen »Dunkelziffer«, dass bis zu 25 % der deutschen Bevölkerung ab 16 illiterat sind (dazu zählen natürlich auch Analphabeten). Vgl. Grotlüschen/Riekmann 2012, Rammstedt 2013.

der Neuordnung der Didaktik. Teilhabe an der Gesellschaft über den Anschluss an grundlegende Fähigkeiten wie den Umgang mit Medien, das Lesen und Verstehen sind Teile dieser Zielvorstellung (vgl. Hurrelmann 2002b). So bezeichnet auch die PISA-Studie »die Teilhabe am sozialen und kulturellen Lesen einer modernen Gesellschaft« (Deutsches PISA-Konsortium 2001, 78) als Ziel der schulischen Förderung von Lesekompetenz.

Mit diesen Neubestimmungen von »Bildung« geriet das zuvor noch meist nicht hinterfragte (oder nur relativierte) traditionelle Bildungsverständnis in ein grundsätzliches Spannungsverhältnis zur schulisch vermittelten Bildung. Galt das Lesen in literaturwissenschaftlichen Ansätzen noch als individuell und existenziell bereichernd, so entstand nun ein Lesebegriff, der vor allem die individuelle Leistung im Zusammenhang mit der Erfolgsorientierung der Informationsgesellschaft in den Vordergrund rückt. Die Anzahl der Lesestudien in Deutschland ist mittlerweile fast unüberschaubar geworden. Ihre Popularität verdanken die in der breiten Öffentlichkeit mittlerweile viel beachteten und auch für die politische Diskussion bedeutsamen Lese- und Medienstudien (dazu zählen die regelmäßigen Studien der Stiftung Lesen, die KIM-Studie und die JIM-Studie) dem scheinbar schlechten Abschneiden der deutschen Schülerschaft in der PISA-Studie 2000.

Von welchem Begriff des Lesens geht PISA aus?[12] In ihrer Einleitung spezifizieren und erläutern die Herausgeber, das deutsche PISA-Konsortium, denselben:

> Lesen ist ein höchst komplexer Vorgang der Bedeutungsentnahme, der aus mehreren Teilprozessen besteht. Auf der untersten Ebene besteht Lesen aus dem Erkennen von Buch-

12 Vgl. zur folgenden Darlegung des Lesebegriffs bei PISA Dawidowski 2016, 66 ff.

> staben und Wörtern sowie aus der Erfassung von Wortbedeutungen. Auf der nächsthöheren Ebene steht die Herstellung semantischer und syntaktischer Relationen zwischen Sätzen im Vordergrund und – auf der Textebene – die satzübergreifende Integration von Sätzen zu Bedeutungseinheiten sowie der Aufbau einer kohärenten mentalen Repräsentation der Bedeutung eines Textes [...]. (Deutsches PISA-Konsortium 2001, 71)

Ganz anders als die traditionellen Bildungstheorien geht PISA also von einem lesepsychologischen und -neuropsychologischen Begriff von Textverstehen aus. PISA differenziert das Lesen nach Prozessen aus, die sich im Gehirn der/des Lesenden abspielen und zum Verstehen eines Textes führen (vgl. zu einem solchen Lesebegriff ausführlich Willenberg 1999, Christmann 2010). Damit wird das Lesen als »Konstruktionsleistung des Individuums« (Deutsches PISA-Konsortium 2001, 70) verstanden; konstruiert wird die Textbedeutung in der Auseinandersetzung mit dem individuellen Vor- und Weltwissen, denn »ein wesentliches Element [...] ist die Integration des Gelesenen in das inhaltliche Vorwissen der Lesenden« (Deutsches PISA-Konsortium 2001, 72).

Ein solcher Begriff des Lesens ist vorteilhaft hinsichtlich seiner Operationalisierung: Man kann das in seine Teiloperationen zerlegte Textverstehen in verschiedene (Teil-)Kompetenzen fassen und diese dann überprüfen. PISA erkennt drei Kompetenzdimensionen (»Informationen ermitteln«, »textbezogenes Interpretieren« und »Reflektieren und Bewerten«), die dann wiederum in fünf Kompetenzstufen ausdifferenziert werden. Hinsichtlich des Kompetenzbegriffs schließt PISA an die Definition Franz Weinerts an:

> Dabei versteht man unter Kompetenzen die bei Individuen verfügbaren oder durch sie erlernbaren kognitiven Fähigkeiten und Fertigkeiten, um bestimmte Probleme zu lösen, sowie die damit verbundenen motivationalen, volitionalen und sozialen Bereitschaften und Fähigkeiten, um die Problemlösungen in variablen Situationen erfolgreich und verantwortungsvoll nutzen zu können. (Zit. nach Klieme 2004, 11 f.)

Kompetenzen lösen sich von inhaltlichen Definitionen des zu Lernenden (z. B.: Was sollen SchülerInnen lesen?) und begreifen den Lernprozess von seinem Ende her (Outputorientierung): Über welche Fähigkeiten verfügen Schülerinnen nach Abschluss des Lernprozesses? In dieser Frageformulierung steckt ein Perspektivwechsel gegenüber didaktischen Ansätzen, die bisher nach der Menge und der Qualität des beherrschten Stoffes (Was und wie viel haben SchülerInnen gelesen?) oder nach intendierten Lernprozessen (Welches Ziel verfolgt der Unterricht?) gefragt haben. Wenn nun eine messbare Kompetenz als Ziel des Unterrichtens formuliert werden kann, diese überdies in Stufen zerlegbar ist und damit ein klares Leistungsniveau definiert, scheint dies ein Vorteil gegenüber früheren Zielbestimmungen des Unterrichts zu sein, der damit effizienter, zielgerichteter und transparenter organisiert werden kann. Obwohl es verschiedene Traditionslinien in der Bestimmung von »Kompetenz« gibt, schließen die Kernlehrpläne und die Schulleistungsstudien zumeist an einen Kompetenzbegriff an, der der funktionalen Psychologie entstammt (vgl. Gailberger/Holle 2010, 276 ff.). Kompetenz wird hier in Abgrenzung zur Intelligenz verstanden: Sie wird bereichsspezifisch modelliert (in Teilkompetenzen zerlegt), sie gilt als lernbar (und eben nicht als angeboren) und sie ist situationsabhängig (von einem konkreten Problem ausgehend).

Damit geht es einem solchen Kompetenzbegriff vor allem um die Vorhersagbarkeit von Leistungen in spezifischen Situationen, also um Messbarkeit. Wie wird X handeln, wenn er/sie vor die Herausforderung gestellt wird, aus einem komplexen Text Informationen zu filtern, die beispielsweise für das Funktionieren bestimmter Verwaltungsstrukturen relevant sind? Die Beantwortung dieser Frage kann zentral sein für ein künftiges Betätigungsfeld, in dem X einmal arbeiten möchte, anders als die Beantwortung der Frage, ob X Goethes *Faust* gelesen hat. Dies ist nur ein Beispiel, illustriert jedoch, worum es in der Kompetenzorientierung letztlich geht: Ihre Zielvorstellung wurde oben mit der Formel »gesellschaftlich handlungsfähiges Subjekt« bereits beschrieben.

PISA schließt mit seinem Kompetenzbegriff an die internationale Konzeption des *Reading Literacy* an, die »eine grundlegende Form des kommunikativen Umgangs mit der Welt« (Deutsches PISA-Konsortium 2001, 78) bezeichnet (vgl. ausführlich: Gailberger/Holle 2010, Gaiser 2010, Garbe 2009). Reading Literacy wurde nun am Handeln mit kontinuierlichen und diskontinuierlichen Texten im Hinblick auf die Fähigkeit zur Informationsentnahme überprüft. Dabei zeigte sich, dass diese Fähigkeit am besten am Beispiel des Umgangs mit informatorischen Texten (Sachtexten, Grafiken, Tabellen) messbar wird; Schwierigkeiten bei Messungen ergeben sich, wenn fiktionale Texte und literarische Texte bearbeitet werden. Diese stehen jedoch im deutschen Literaturunterricht im Vordergrund (im Gegensatz zum angloamerikanischen Herkunftskontext der PISA-Studie). Insofern wurde rasch Kritik am »instrumentell geprägten Begriff von Lesekompetenz, der den kognitiven Prozess der Informationsentnahme aus Texten in den Mittelpunkt stellt« (Hurrelmann 2002a, 7), geäußert. Ergänzend formulierte Bettina Hurrelmann als Kritikpunkt das »zentrale bildungsökonomische Interesse« (Hurrelmann 2009,

24), das im Gegensatz stehe zum »traditionellen Bildungsbegriff« (ebd., 23).

Die PISA-Studie und die danach einsetzende Kompetenzorientierung in der Literaturdidaktik machten vor allem auf das Segment der leseschwachen SchülerInnen aufmerksam, die über zu wenig Lesefertigkeit und -fähigkeit verfügen, um an Anschlusskommunikationen teilnehmen zu können, oder auch nur komplexere Texte verstehend lesen können. Leseförderung (vgl. im Überblick Rosebrock 2010, Rosebrock/Nix 2008) bekam also nach PISA eine andere Qualität, denn elementare Textverstehensfähigkeiten waren bis dahin nur Aufgabe der Primarstufe. Heute wissen wir, dass auch Sekundarschulen in allen Fächern Leseförderung betreiben sollten, um die Leseschwachen, die meist auch über kein starkes Selbstkonzept als LeserIn verfügen, nicht von vorneherein auszugrenzen. Durch Steigerung der Leseflüssigkeit kann das Lesen auf Prozessebene verbessert werden, Verstehensleistungen während des Lesens können durch viele Verfahren gefördert werden, und letztlich sind auch die traditionellen Verfahren der Lesemotivationssteigerung (Leseclubs, Lesenächte, Buchvorstellungen) weiterhin in Schulen verankert (vgl. Wrobel 2012).

PISA definiert den Leseakt zwar neu und anders als klassische Bildungstheorien, zielt damit jedoch nur indirekt ein Neuverständnis von »Bildung« an. Selbige erscheint noch immer als diesem Leseverständnis übergeordnet. Lesen, wie PISA es definiert, ist eben ein Teil – jedoch ein zwingend notwendiger, also eher eine Voraussetzung – von »Bildung«, denn ohne verstehendes Lesen ist Bildungserwerb nun einmal kaum möglich. Warum haben wir uns dennoch so ausführlich damit beschäftigt – und warum sind dann seit PISA umfassende Reformen getätigt worden?

Ein Blick in Kerncurricula für das Fach Deutsch, in dem Lesen und Bildungsvermittlung eine zentrale Rolle spielen, zeigt die Gründe und erlaubt tiefe Einsichten in pädagogisch-bildungspolitische Paradigmenwechsel. Das Bundesland Niedersachsen integriert in das Kerncurriculum Deutsch jeder Schulform einen Vorsatz unter dem Titel »Bildungsbeitrag des Faches«, der wie folgt lautet:

> Der Deutschunterricht leistet einen wesentlichen Beitrag zur sprachlichen, literarischen und medialen Bildung der Schülerinnen und Schüler. In der Auseinandersetzung mit Texten und Medien und in der Reflexion sprachlichen Handelns in einer mehrsprachigen Lebenswelt entwickeln sie Verstehens- und Verständigungskompetenzen, die ihnen helfen, die Welt zu erfassen und begründet eigene Positionen und Werthaltungen in einer demokratischen Gesellschaft einzunehmen. Das Fach Deutsch trägt damit zur Persönlichkeitsbildung der Schülerinnen und Schüler bei. (*Kerncurriculum für die Grundschule*, 5)

Eine gründliche Textanalyse lohnt sich hier, werden doch Bildungsvorstellungen und -ziele definiert, die einen enormen Anspruch beinhalten: »Literarische Bildung« wird vermittelt durch die »Auseinandersetzung mit Texten und Medien«. Letzteres ist offensichtlich Mittel, ersteres Zielgedanke. Zwischen Medium und Ziel stehen nun die »Verstehenskompetenzen« als ein weiterer Schritt, der aus der Auseinandersetzung mit Texten hervorgeht. Nun kommt es darauf an, diesem Schritt seinen Status zuzuweisen: Ist die Kompetenz Mittel oder Ziel? Der folgende Relativsatz macht es deutlich: Die Kompetenzen sind lediglich »Helfer« auf dem Weg zum eigentlichen Ziel der »literarischen Bildung«. Diese wird allerdings nun näher definiert: Sie ist »Persönlichkeitsbildung« insofern, dass sie einen Menschen hervorbringt, der die »Welt erfassen«, »Positionen und Werthaltungen einnehmen« und Teil einer »demokratischen Gesellschaft« sein kann.

Erstaunlich: Die übergeordneten Bildungsziele entstammen ohne Ausnahme den klassischen Bildungstheorien, wie sie seit Herder formuliert wurden.[13] Betrachtet man nun allerdings den konkreten Lehrgang für die Klassen 1–4 auf den folgenden 48 Seiten, geht es ausschließlich um Kompetenzen. Das Wort »Bildung« fällt nicht mehr, der Umgang mit Literatur umfasst ganze 1,5 Querseiten im lockeren Satz, die nahezu vollständig auf das Fachvokabular im analytischen Texterschließen abzielen (Grundschule!). Hinweise zu spielerischem Umgang mit Literatur, Literaturempfehlungen im Bereich Kinderliteratur oder gar Kindertheater gibt es nicht. Das Missverhältnis zwischen einem übergeordneten Scheinbegriff von »Bildung« im Anschluss an ein traditionelles Verständnis und den praktischen Anweisungen in der Kompetenzschulung könnte größer nicht sein. Die praktische Ausbildung und der täglich erfahrene Schuldruck werden überdies dazu führen, dass unter Handlungsdruck stehende Lehrpersonen den Vorsatz (sollte er überhaupt gelesen werden) als das wahrnehmen, was er ist: Lippenbekenntnisse im Modus des hohlen Bildungssprech, an denen niemand gemessen wird.

Dieses Beispiel erscheint in höchstem Maße illustrativ für ein auf den folgenden Seiten dargelegtes Bildungsverständnis, das sich nun nicht an inhaltlichen Füllungen oder Vorgaben abarbeitet. Offensichtlich funktioniert es kaum (und wird auch in Lehrplänen so nicht erfüllt), Bildung durch eine Auflistung

13 Hinzu kommt der politische Gedanke, dass Lesen unabdingbar für das Funktionieren einer Demokratie ist, der in schulpolitischer Dimension ein Resultat der Bildungstheorien des Kritischen Deutschunterrichts der 1970er Jahre ist. Diese wurden hier nicht näher thematisiert, um den Umfang der theoretischen Erörterungen nicht zu sprengen.

beispielsweise dessen zu definieren, was man »gelesen haben muss«. »Bildung« erscheint im obigen Beispiel vielmehr als eine Leerformel, mit der eine gesellschaftliche Erwartung bezeichnet wird, der eine Mehrheit zustimmen kann, ohne genau zu wissen, was gemeint ist. »Bildung« wollen wir alle, sie ist in jedem Sinne mehrheitsfähig (außer bei wenigen jugendlichen Bildungsverweigerern, was aber in der Regel andere Gründe hat), jedoch versteht darunter jeder etwas anderes. Und im Allgemeinen – das zeigten unsere Ausgangsbeispiele über Bildungsvorstellungen Jugendlicher und ihrer Eltern – läuft man dann einfach denen hinterher, die »Bildung« wahlweise als arbeitsmarkttaugliche Computerkenntnis oder eben als das, was täglich ab 8 Uhr erledigt werden muss, definieren. Man gewinnt also Anschluss an die Gesellschaft, indem man tut, was die Mehrheit tut oder von einem erwartet.

Offensichtlich hat hier soeben eine Kehrtwendung in der Betrachtungsweise stattgefunden: »Bildung« ist in unserer derzeitigen Gesellschaft nichts, was inhaltlich gefüllt werden müsste, um operationalisiert werden zu können, sondern dient als Beschreibungsmodell, als »Formel«, über die Zugehörigkeit signalisiert wird und die Anschluss gewährleistet – im Grunde wie ein Branding oder eine Marke. Statt also »Bildung« – wie in den klassischen Bildungstheorien – beispielsweise über den Inhalt dessen zu verstehen, was »man gelesen haben sollte«, wird sie nun formalisiert. Sie dient also bestimmten gesellschaftlichen Zwecken als eine Art Scharnier zwischen dem Heranwachsen und der beruflichen Aufgabe. Dabei kommt es nicht mehr darauf an, was sie der Person (im Hinblick auf ein erfülltes Leben oder die Sinnstiftung) oder der Gesellschaft (im Hinblick auf Mitbestimmungsrechte und -pflichten in einer demokratischen Ordnung) garantiert, sondern darauf, wie sie den Anschluss an das möglichst reibungslose Funktionieren des Systems herstellt.

Welche Funktion hat also »Bildung« in einer hochgradig ausdifferenzierten Leistungsgesellschaft wie der unsrigen? Die sozialwissenschaftliche Systemtheorie, geprägt durch Niklas Luhmann, hat sich dazu umfassend geäußert. »Bildung« erscheint für Luhmann »um 1800 in der Ideenformierung der neuhumanistischen Pädagogik« als »Selbstbeschreibungsprogramm des Erziehungssystems« und wird schnell »ins Prätentiöse hochstilisiert« (Luhmann 1987, 628), also mit Erwartungen überfrachtet. Nun wird »Erziehung als ›Bildung‹« (Luhmann 2002, 177) begriffen, und der Bildungsbegriff wird zur »Kontingenzformel« im Erziehungssystem (ebd., 183), bewältigt also die Unbestimmtheit im System (ähnlich wie der Gottesbegriff in der Religion oder der Wahrheitsbegriff in der Wissenschaft). Er erfüllt damit folgende Funktionen: Tilgung der Differenz zwischen Individuum und Menschheit, Legitimierung von Erziehung überhaupt, Kopplung der Erziehung an Wahrheit, Garantie für die Inklusion aller Individuen (über die Schulpflicht), Anschluss an den Kanon.[14] Der Gedanke von der Bildung als »Kontingenzformel« ist ein wesentlicher Schritt für die systemtheoretische Betrachtungsweise, bei dem man einen Moment verweilen sollte, um sich die Tragweite zu verdeutlichen. Der Vergleich mit »Gott« oder »Wahrheit« in anderen Systemen schließt diese Tragweite auf, denn er illustriert die Bindungskraft der Formel, die gerade darüber integriert, dass man ihre Inhaltsdimension – das, was genau gemeint ist – eben nicht fassen kann. Sie ist also im Stande, gerade durch ihre Unbestimmtheit die Zufälligkeit und Unbestimmtheit (Kontingenz) im System der Erziehung zu beseitigen und »Ordnung« zu erzeugen. Diesen Sachverhalt kann man an allen oben angeführten »Leistungen« oder »Funktionen« erkennen. Um hier nur das erste Beispiel – Tilgung der Differenz zwi-

14 Vgl. Luhmann 2002, 186 ff.

schen Individuum und Menschheit – zu nennen: »Bildung« als Humanitas und allgemeine Menschenbildung enthält eine ethische Dimension, die das gebildete Individuum dazu bringt (nicht: zwingt!), sich als tätiges und dem Menschheitsgedanken dienliches zu verstehen. Nicht zufällig führt Goethe seinen Wilhelm Meister aus dem Egoismus des Sich-selbst-Ausbildens heraus, indem er ihn im zweiten Teil (den *Wanderjahren*) seine eigentliche Bestimmung erkennen lässt: Wilhelm »adoptiert« einen Sohn, schließt sich notleidenden Amerikaauswanderern an, wird Wundarzt, unterstützt die »pädagogische Provinz«, in der Kinder nach Maßgabe humanistischer Bildung ins Leben geführt werden. Besser könnte nicht vorgeführt werden, was es heißt, die Perspektive von sich selbst auf die Gemeinschaft zu weiten. Ohne Bildung wäre dies im Kosmos des Romans nicht möglich gewesen.

Bestimmt Luhmann in seinen frühen Schriften noch das Kind als Medium der Erziehung (Luhmann 1991), dem also Formen des Wissens aufgenötigt werden, so belegen die späten Schriften zur Erziehung einen Wandel: Der Lebenslauf wird statt des Kindes zum Medium der Erziehung (Luhmann 1997). Die Bestimmung des Kindes als Medium legte noch eine mögliche Kopplung zwischen psychischen und sozialen Systemen (Menschen und der Gesellschaft) nahe, der Lebenslauf allerdings ist Teil des (mediatisierten) sozialen Systems, ist ins System eingespeistes Medium und Protokoll des durch das Medium verdrängten Lebens. Damit schließen sich die beiden Begründungsstränge: Die Totalautonomie des Bildungssystems »im Sinne seiner Unabhängigkeit von den jeweiligen ›Stoffen‹« (Luhmann 2002, 194) realisiert sich in einem Medium, das den Menschen ersetzt durch eine Situationsbeschreibung an Hand eines Schemas, »das einerseits retrospektiv angesetzt werden kann und zugleich für die Zukunft Möglichkeiten unterschiedlicher Formgewinnung offen läßt« (Luhmann 1997, 26).

Die systemtheoretische Perspektive lässt also erkennbar werden, wie die Aufladung des Bildungsbegriffs seit dem 19. Jahrhundert sozialen Zwecken dient, die mit dem konkreten Individuum kaum etwas zu tun haben. Das System errichtet Formeln und Schleusen, um Durchlässigkeit zu erzeugen oder zu verhindern – entweder man hat das Abitur oder eben nicht, dokumentiert wird dies im Lebenslauf. Luhmann macht immer wieder darauf aufmerksam, dass nur eine Umstellung des Bildungssystems auf Funktionalität hin anschlussfähig für den Wandel der sozialen Systeme macht. So fordert er, dass »das Lernen von Wissen weitgehend ersetzt werden müßte durch das Lernen des Entscheidens, das heißt: des Ausnutzens von Nichtwissen« (Luhmann 2002, 198); dennoch »bevorzugt es die Pädagogik, beim neuhumanistischen Subjektbegriff zu bleiben«, was »einfach durch die geisteswissenschaftliche Tradition gerechtfertigt werden kann« (ebd., 200).

Darin steckt eine gewisse Widersprüchlichkeit: Für das Funktionieren unseres sozialen Systems wird das Lernen von Wissen überflüssig, wir halten jedoch an einer (überholten?) geisteswissenschaftlichen Tradition fest. Die oben zitierten Kerncurricula für die Grundschule illustrierten diesen Sachverhalt, denn die oberste Zielformulierung entsprach dem neuhumanistischen Bildungsbegriff, die Details jedoch ignorieren diesen völlig. Sie dienen vielmehr dem Zweck, Anschluss und Teilhabe über erreichte und messbare, jedoch inhaltlich kaum hinterfragte »Kompetenzen« sicherzustellen.

Die Kontingenzen beseitigende, das soziale Feld strukturierende und an die kulturelle Tradition Anschluss gewährleistende Funktion der Bildung wird im Bildungssystem durch Zertifikate und Titel garantiert. Pierre Bourdieu untersuchte die Rolle von Bildungspatenten im Prozess der Sozialstrukturierung der (französischen) Gesellschaft (der 1970er Jahre) und kam zu den Ergebnissen, dass die Schule über die

»Durchsetzung von Titeln« »Statuszuweisungen« vornimmt (Bourdieu 2002, 48). Die Mittel identifiziert Bourdieu als »die vom Schulkanon anerkannten [Werke] der Literatur und Philosophie« (ebd., 53). Im Begriff der »Statuszuweisung« verbirgt sich das Moment der Menschwerdung, denn »die Inhaber von Bildungspatenten [brauchen] nur zu sein, was sie sind, da doch der Wert ihrer Handlungen und Taten sich einzig und allein am Wert ihrer selbst, deren Urheber bemißt« (ebd., 48 f.). Es kommt zu einer sozialen Inszenierung von Authentizität, denn der »Gebildete« steht als Person, als Individuum und Mensch, für die Kultur, die er sich anverwandelt hat. Damit – so Bourdieu – wird das soziale Feld strukturiert und hierarchisiert. Es entsteht *Distinktion*. Distinktion kann bewerkstelligt werden durch die gesellschaftliche Durchsetzung der Hochschätzung von kulturellem Kapital, das die Bildungsträger in einem »relativ autonomen Raum« versammelt, »dessen Struktur durch die Verteilung der verschiedenen Kapitalsorten unter ihren Angehörigen bestimmt ist« (ebd., 405).

Michael Kämper-van den Boogaart zeigte, inwiefern die von Luhmann und Bourdieu herausgestellten Ergebnisse zur Funktion von Bildung und Kultur vor allem im Binnenhorizont der Deutschdidaktik wirksam werden. Er macht im Rahmen seiner empirischen Untersuchungen deutlich, »daß literarischer Konsum […] noch immer die Variabilität sozialer Distinktionen besitzt, die ihrerseits auf die Erwirtschaftung symbolischer Macht verweisen« (Kämper-van den Boogaart 1997, 309). Mit Blick auf den Literaturunterricht stellt sich heraus, dass »die jeweils als legitime Gratifikationen gehandelten Lektüreerwartungen im Sinne von *Konventionen* begriffen werden« (ebd., 29) – im Mikrokosmos des gelenkten Unterrichtsgesprächs wird also über Sanktionen eingeübt, Literatur beispielsweise gemäß den Anforderungen bildungsbürgerlicher Semantik zu verstehen.[15] Helmut Fend zählt solche Elemente bildungsbürgerlicher Semantik, die sich im Literaturunterricht wiederfinden, auf: »eine Universale der menschlichen Existenz aufzudecken, etwas über das ›Wesen des Menschen‹ auszusagen [...], das Ideale und das Positive herauslesen zu wollen und das Schreckliche, Unverstehbare und Realistische zu verbannen [...], Dichtung als Suche nach religiösem Gehalt zu verstehen, als Versuch der Sinngebung für letzte Fragen« (Fend 1981, 139 f.). Kämper-van den Boogaarts empirische Untersuchung didaktischer Unterrichtshandreichungen ergänzt, dass es im Literaturunterricht in erster Linie um »Rekonstruktion von Autorintention« auf der Grundlage biographischer Information und bei gleichzeitiger Ausblendung »materieller Publikationsbedingungen« (ebd., 114 f.) geht. Lektüren werden so ausgewählt, »daß ihnen Botschaften zu entnehmen sind, die mit den pädagogischen Zielsetzungen des Unterrichts allgemein konvenieren« (ebd., 118).

Die Auswirkungen auf die schulische Realität und den Deutschunterricht sind kaum abzusehen. Bildung könnte als bloße Statusformel im Deutschunterricht höherer Schulformen das Lesen und Lernen motivieren – das wäre freilich kaum eine intrinsische Motivation, sondern vielmehr eine an der Erlangung eines erwünschten Sozialstatus orientierte. Bildungsgehalte könnten in anderen Schulformen ganz und gar wegbrechen, und deren Aneignung wäre dann auch kein Ziel mehr. Die Umstellung schulischer Lehrpläne auf zu erlangende »Kompetenzen« kann eventuell bereits als Indikator für ein

15 Zabka (2002) illustriert diese Zuschreibungen an einer empirischen Analyse von Unterrichtsgesprächen, in denen Schüler dazu neigen, »zügig eine höhere oder übertragene Bedeutung zu formulieren« (116).

solches Wegbrechen gewertet werden. Derzeit kann die Umstellung von »Bildung« auf Kompetenzorientierung als geglückt bezeichnet werden. Dazu trägt natürlich nicht nur das jeweilige Kerncurriculum bei, letztlich geht es doch immer um gesamtgesellschaftliche Umschichtungen, an denen auch ein Günther Jauch nicht unerheblichen Anteil hat. Die Messbarkeit literarischer Bildung, ihre weitgehende Unabhängigkeit von tatsächlich gelesener, kanonrelevanter Literatur, ihre Mächtigkeit als Prädiktor für (soziale und ökonomische) Leistungsfähigkeit, ihre Zugänglichkeit für alle sind momentan weitgehend konsensuelle Parameter, die nicht mehr denen vor etwa 1990 entsprechen.

Die Vorstellung von »Bildung« und der Rolle der Literatur (des literarischen Lesens) innerhalb derselben ist damit pragmatisch und funktional ausgerichtet – dafür aber nicht weniger wirkungsmächtig in unserer Gesellschaft. Mit dieser Feststellung begann das vorliegende Kapitel und führte gleichzeitig die Parallele zu anderen historischen Abschnitten der Bildungsgeschichte an. Ein gemeinsamer Nenner der eingangs besprochenen Studien zu Bildungsvorstellungen heutiger SchülerInnen und Eltern und den philanthropischen Reformen des 18. Jahrhunderts bestand in einem Bildungsbegriff, der im Alltag und im Staatsganzen nützlich und hilfreich sein sollte. Teilhabe und soziale Handlungsfähigkeit des Einzelnen standen (und stehen) also im Vordergrund. Zu diesem Zweck etabliert auch PISA eine Vorstellung des Lesens, die leistungsbezogen, messbar und auf die Erlangung von sozial erwünschten Kompetenzen hin orientiert ist. Daher geht es hier primär um informatorisches Lesen: SchülerInnen sollen nachweisen, dass sie Informationen aus Texten entnehmen können, denn damit erlangen sie die Kompetenz, an einer nach wie vor (aber: wie lange noch?) textbasierten Informationsweitergabe am Arbeitsplatz und in einer Informationsgesellschaft teilhaben zu können. Literarisches Lesen hilft dabei wenig.[16] Nach wie vor jedoch – so schritt die Argumentation des Kapitels voran – sind Inhalte der klassischen Bildungstheorien, wie sie im ersten Kapitel vorgestellt wurden, in den Kerncurricula präsent und den funktionalen Beschreibungen rhetorisch übergeordnet. Dieses Missverhältnis ließ sich mit Hilfe soziologischer (systemtheoretischer) Einsichten auflösen: »Literarische Bildung« erscheint hier als eine Kontingenzformel, die formalisiert und inhaltlich inkonkret in sozialer Kommunikation dafür zuständig ist, Anschluss an das Sozialsystem zu gewährleisten und dieses am Laufen zu halten. Der Lebenslauf wird zum passenden »Kondensat« für diese Vorstellung von Bildung. Auf der anderen Seite dient literarische Bildung auch als Instrument sozialer Distinktion, ist also auch hier wieder ein »Schmiermittel« für soziale Prozesse des Ausgrenzens und des Absteckens sozialer Felder. Hier wird literarische Bildung also zur Statusformel, die ein Dazugehören signalisiert – wieder allerdings geht es dabei nicht um die Inhalte des klassischen Bildungsgedankens, sondern lediglich um die *Funktion* von »Bildung« im sozialen Miteinander.

Ein besonders umstrittener Aspekt kann so in der inhaltlichen Füllung des Bildungsbegriffs gesehen werden: Wird es möglich sein, Bildung nicht nur als Statusformel überdauern zu lassen, sondern auch andere Dimensionen wie beispielsweise die des persönlichen Mehrwerts in die Gegenwart hinüberzuretten? Das folgende Kapitel zeigt, wie die Schule mit dieser großen Herausforderung in einer Zeit des funktionalen Pragmatismus umgeht. Zu diesem Zweck betrachtet es aktuelle Studien zum Umgang mit Literatur im Unterricht.

16 Ein Blick in die Textsortenverzeichnisse aktueller Arbeitsbücher Deutsch und die aus Zeiten vor PISA bestätigt diesen Sachverhalt eindrücklich: Die Anzahl literarischer Texte hat gegenüber den pragmatischen Texten deutlich abgenommen.

3
Umgang mit Literatur bei Lernenden, Lehrenden und im Unterricht

Der Versuch, den oben skizzierten Zusammenhang der soziologischen Auffassung von »Bildung« auf den aktuellen Literaturunterricht zu übertragen und so zu zeigen, wie dieser »funktioniert« (welche seine »Regeln« sind), ist einer großen Herausforderung ausgesetzt. Die Gegenwart ist nämlich von einem der größten medienbezogenen Umbrüche geprägt, die die Menschheitsgeschichte kennt. Mit der umfassenden Digitalisierung von Lebenswelten Jugendlicher und Erwachsener vergleichbar sind nur der Wandel von Oral- zu Schriftkulturen in der Frühzeit menschlicher Zivilisierung und derjenige der Schriftkultur zur modernen Kultur des Buchdrucks im Europa des 16. Jahrhunderts. Wir wissen heute, dass diese Umbrüche nicht nur medienbezogen waren, also nicht nur einen Wandel im Umgang mit Information nach sich zogen, sondern sich vielmehr als grundlegend und erschütternd für das gesamte individuelle und sozialpolitische Leben der betroffenen Kulturen erwiesen (vgl. Schanze 2001, 208 ff.). So waren sie begleitet von politischen und religiösen Neugestaltungen und führten letztlich zu heftigen kriegerischen Auseinandersetzungen und Umgestaltungen von Staatsformen. Es ist also nicht möglich, über einen Gegenstand wie »literarische Bildung«, der aufs Engste mit der Kultur des Buchdrucks verbunden ist, zu verhandeln, ohne dabei die Akteure des Literaturunterrichts (Lernende und Lehrende) bezüglich ihrer Haltungen und ihres Handelns in und mit der Digitalkultur zu betrachten. Dies gilt insbesondere dann, wenn der Bruch zwischen den Generationen (wie teilweise noch vorhanden) direkt und quer durch das Klassenzimmer geht – vorn steht die/der VertreterIn der Buchkultur, sitzend die ProtagonistInnen der Digitalisierung.

Zunächst soll es um letztere, also die SchülerInnen gehen.[17] Mittlerweile existieren mehrere Versuche, eine Generation definitorisch zu beschreiben, die anders als alle vorhergehenden in digitalen Umgebungen sozialisiert worden ist. Den Kern des Übergangs zwischen »digital immigrants« und »digital natives« legt Prensky wie folgt fest:

> Die heutigen Lernenden – vom Kindergarten bis zur Hochschule – sind die erste Generation, die mit dieser neuen Technologie aufgewachsen ist. Sie sind ihr gesamtes Leben von Computern, Videospielen, digitalen Musikplayern, Videokameras, Handys und all den anderen Spielzeugen und Tools des digitalen Zeitalters umgeben und haben sie benutzt. Der durchschnittliche Hochschulabsolvent von heute hat weniger als 5000 Stunden seines Lebens mit Lesen verbracht, dafür aber über 10 000 Stunden mit Videospielen (ganz zu schweigen von 20 000 Stunden Fernsehen). Computerspiele, E-Mail, Internet, Handys und Instant Messaging sind fester Bestandteil ihres Lebens.[18]

17 Vgl. zum Folgenden die Ausführungen in Dawidowski 2021.

18 »Today's students – K[indergarten] through college – represent the first generations to grow up with this new technology. They have spent their entire lives surrounded by and using computers, videogames, digital music players, video cams, cell phones, and all the other toys and tools of the digital age. Today's average college grads have spent less than 5.000 hours of their lives reading, but over 10.000 hours playing video games (not to mention 20.000 hours watching TV). Computer games, email, the Internet, cell phones and instant messaging are integral parts of their lives.« (Prensky 2001,1)

Damit sind es etwa die seit der Jahrtausendwende Geborenen, die also heute in Deutschland ihr Abitur ablegen, teils auch bereits Universitäten besuchen, um die es gehen soll. Nur die jüngsten verfügbaren Studien können daher das Ausmaß des fundamentalen Medienwandels ermessen, der in Vorgängerstudien maximal in Tendenzen (entsprechend des Alters der Probanden) ablesbar werden kann. Prensky führt aus, welche Gründe dafür sprechen, insbesondere diese Generation sehr sorgfältig zu beschreiben: Er geht davon aus, dass eine so geartete Mediensozialisation die Strukturen des Gehirns nachhaltig verändert, so dass vor allem mit dem linearen Lesen verbundene Aktivitäten des Denkens in dieser Generation nicht mehr vorausgesetzt werden können (er erwähnt u. a. Selbstreflexion, kritisches Denken, lange Aufmerksamkeitsspannen und Konzentrationsfähigkeit, logisches Denken). Seine Haltung ist damit von vorneherein eine pädagogische, zudem ist davon auszugehen, dass seine auf die USA bezogenen Erkenntnisse nicht in jeder Form auf eine Sozialisation in Deutschland übertragbar sind, allein, weil Nutzungszeiten in Deutschland oft noch anders sind. Erwartungsgemäß belegen vor allem die KIM- und JIM-Studien der letzten Jahre die totale Verbreitung digitaler Medien unter Kindern und Jugendlichen und zeigen eine Freizeitgestaltung, die ebenso total von digitalen Medien bestimmt ist. Das Lesen von Printmedien (Bücher, Zeitungen, Zeitschriften) scheint sich jüngsten Zahlen zufolge nach einem jahrelangen Niedergang auf niedrigem Niveau zu stabilisieren, hier verbietet sich allerdings angesichts rasanter technologischer Entwicklung und Schwankungen in den letzten Jahrzehnten jede Prognose.

Literarische Sozialisationsprozesse hängen bei den »digital natives« eng mit der Mediensozialisation zusammen, mehr noch: Sie sind in der Gegenwart quasi ununterscheidbar geworden. Dafür gibt es zwei Gründe (vgl. Wermke 2002, Rager/ Werner 2004):

1. Aus der Perspektive der Medienproduktion sorgen umfassende Medienverbundsysteme (Medienkonvergenz, vgl. Marci-Boehncke 2010, Schuegraf 2010) und das Cross-Marketing dafür, dass kinder- und jugendspezifische Themen und Figuren von vorneherein ohne Quell- oder Leitmedium vermarktet werden. Sie tauchen in allen medialen Zusammenhängen gleichermaßen auf. Intermediale Beziehungen und Entsprechungen zeigen weiterhin, dass zwischen Print-, AV- und digitalen Medien zahllose Übergänge existieren (vgl. Bönnighausen 2010).
2. »Digital natives« wachsen also als Rezipienten ohne ein klares Leitmedium auf; Inhalte, Formen und Rezeptionsweisen werden von einem Medium zum anderen übertragen (vgl. Marci-Boehncke 2010, 490 ff.). Dieser Befund kann allerdings für die unmittelbare Gegenwart auch bezweifelt werden, denn das digitale Endgerät ist als ein Symmedium als ein Leitmedium zu betrachten, das jedoch alle anderen Medientypen in sich vereint.

Dieter Baacke versucht, Kennzeichen jugendlicher Mediennutzung aufzulisten; unter anderem erwähnt er (vgl. Baacke/Frank/Radde 1998; Treumann [u. a.] 2007):

- Medienkommunikation ist unmittelbar, vertraut, distanzlos; oft auch sprunghaft, hektisch und oberflächlich.
- Medien werden ganzheitlich rezipiert (nicht nur kognitiv).
- Medienhandeln ist nur teilweise durch Alter, Geschlecht und Sozialstatus bestimmt. Dennoch gilt: je älter und höher im Sozialstatus und Bildungsniveau, desto differenzierter die Mediennutzung.
- Medienwirkungen sind in erster Linie auf der affektiven und moralischen Ebene des Handelns zu lokalisieren.
- Medienhandeln ist in den sozialen Kontext (in ein soziales

Raumnetz) eingefügt (vgl. die Bedeutung von Social Media) und vollständig in den Alltag integriert (»Habitualisierung«).

Was Baacke 1998 festhielt, ist sicherlich in seiner Allgemeingültigkeit auch auf das Medienhandeln der jugendlichen »digital natives« übertragbar. Krotz fügte dem 2017 bedeutsame Parameter hinzu, die nun die Mediatisierung von Lebenswelten (Ineinander von Medienproduktion und -rezeption, Totalisierung) bedenken und im Kern die »digital natives« betreffen (vgl. Krotz 2017):

- Jugendliche haben bestimmte Teile ihres Alltags und ihrer sozialen Beziehungen ins Netz ausgelagert, leben damit also zum Teil im Netz.
- Medien werden zunehmend zu einem Teil des Körpers des Menschen (Umgang mit dem Smartphone, Googlebrille, tief eingesteckte Ohrhörer oder körperliche Selbstvermessung).
- Reflexion und Selbstreflexion finden zunehmend nicht mehr als eine Art des inneren Dialogs statt, sondern werden externalisiert, insofern Jugendliche ihr Erleben als eine Geschichte im Netz präsentieren. Das Ensemble der je verwendeten Medien wird so nicht nur zum zentralen Instrument für soziale Beziehungen, sondern auch zum Kitt der komplexer werdenden Persönlichkeitsstrukturen.

Mediensozialisationsprozesse unterliegen jedenfalls einer zu raschen Folge von einer Vielzahl divergierender Einflüsse (z. B. Verfügbarkeit, Kompetenzen im Umgang, Zugangsregeln durch Eltern und Schule, soziale Lage, vgl. Süss 2004, 275), um auch nur für einzelne Medientypen verallgemeinerbare Ergebnisse mit einer längeren Halbwertszeit gewinnen zu können. Fest steht nur: Jugendkulturen und Mediengebrauch stehen in engstem Zusammenhang, und: Das Medienhandeln dient letztlich vor allem einem übergeordneten Zweck innerhalb der jugendlichen Sozialisation, nämlich der Identitätsbildung: »Medien [...] haben für den Prozess der Identitätsbildung eine konstitutive Bedeutung« (Schorb 2014, 178), sie gelten gar als »neue Sinnstifter« (Süss/Hipeli 2010, 145).

Die Bedeutsamkeit von Medien im Leben Jugendlicher steigt also seit Jahren beträchtlich an. Dies betrifft natürlich auch das Leseverhalten der unter Dreißigjährigen. Die Anzahl an Studien, die sich etwa seit dem Wechsel des Leitmediums bei Kindern in den 1970er Jahren (»Fernsehgeneration«) bemühen, den Wandel des Leseverhaltens zu beschreiben, ist sehr groß, dabei kann aber der einzelnen Studie jeweils nur eine kurze Halbwertszeit zugestanden werden. Die Rasanz des Medienwandels besonders seit der Digitalisierung von Medienwelten seit etwa 2000 ist zu groß, als dass der jeweilige Status quo noch dauerhaft abgebildet werden könnte. Die vorliegende Übersicht versammelt einige wesentliche Dimensionen des Leseverhaltens und deren Veränderungen auf der Basis einer Metastudie, die im Jahr 2009 veröffentlicht wurde. Diese Auswertung stützt sich auf alle von etwa 1990 bis 2009 erschienenen Studien zum Leseverhalten von Menschen unter 30 im deutschsprachigen Raum mit eben dem Ziel, Tendenzen zu erfassen. Hier eine stark verkürzte Form:[19]

Dimensionen	Tendenzen
extensiv	stabil bei Kindern, < jünger als 30 Jahre < Printmedien Zeitung, Zeitschrift < Buchgeschenke < Anzahl Bücher/Haushalt Polarisierung Viel- und Nichtleser, keine Etablierung E-Reader, Missverhältnis zur Bildungsexplosion und zur Verfügbarkeit von Freizeit seit 1970

19 Vgl. Dawidowski 2009, 130 ff. Die ausführliche Tabelle ebd., 136.

modal	»switchen, zappen, zoomen«: Übertragung von am Bildschirm erlernten Lesehaltungen auf Printmedien
funktional: individuell	< Fiktion, Identifikation > Infolesen, Bildungslesen, operationales Lesen, Qualifikationslesen
funktional: sozial	> Widerspruch Image (Buch als Bildungsmedium) – Realität (Leitnorm vs. Leitmedium), soziale Differenzierung < Prägung durch Eltern und Schule > Einfluss Peers und Medien

Wandel im Leseverhalten seit etwa 1990: Metaanalyse bestehender Studien. Die Zeichen »<« und »>« geben sinkende bzw. steigende Tendenzen an.

Die *extensive* Dimension des Leseverhaltens bezieht sich auf die Menge, die Häufigkeit und die Stoffe des Lesens. Dabei zeigt sich, dass insbesondere Kinder sich hinsichtlich ihrer Lese-Extensität kaum verändert haben (die KIM- und JIM-Studie zeigen für heutige Generationen Vergleichbares). Anders (ältere) Jugendliche und Adoleszente: Hier deuteten schon die Studien vor 2009 auf sinkende Werte. Diese beziehen sich auch auf das Vorhandensein und die Lektüre von Printmedien wie Zeitungen und Zeitschriften sowie auf Buchgeschenke und die Anzahl von Büchern in Haushalten. E-Reader konnten sich nicht am Markt etablieren; nur ein recht kleines Segment bevorzugt das Lesen längerer Texte und vor allem von Belletristik am Bildschirm. Alle größeren Studien weisen auf eine zentrale Entwicklung hin, nämlich auf die Spaltung der Leserschaft in Viel- und WenigleserInnen, also auf ein allmähliches Wegbrechen der DurchschnittsleserInnen, die nicht täglich zum Buch greifen, sondern an wenigen Abenden oder im Urlaub. Für die Medienforschung ist dieser Sachverhalt für Informationsgesellschaften längst Allgemeinplatz: Die sogenannte »knowledge gap«-Forschung zeigt seit Jahren für hochentwickelte Länder, dass der Anstieg von Information in einer Gesellschaft mit der zunehmenden Spaltung der jeweiligen Bevölkerung in Informierte und Nicht-Informierte zusammenhängt. Studien weisen allerdings auch darauf hin, dass leicht sinkende Tendenzen oder gar die Stabilität von Leseverhalten immer nur im Vergleich zu früheren Zuständen von Gesellschaft eruiert werden können, dabei aber einkalkuliert werden muss, dass die Verfügbarkeit von Freizeit mehr und mehr ansteigt – diese vermehrte freie Zeit aber offensichtlich nicht zum Lesen genutzt wird.

Hinsichtlich der *Modalität* (der Art und Weise) des Lesens zeigen vor allem auch jüngere Studien zur Lesekompetenzforschung die Berechtigung des Diktums von Erich Schön zur Übertragung von Lesemodi von einem Medium zum nächsten. »Digital natives« erlernen und praktizieren das Lesen im Umfeld digitaler Medien, die einen völlig anderen Lesemodus als Printmedien fordern, den Schön bereits 1998 als »switchen, zappen, zoomen« (Schön 1998) etikettierte. Das überfliegende und sprunghafte Lesen kann langfristig zum Verlust des »Leseatems« und des vertiefenden Lesens führen (s. unten zur Lesekompetenzforschung).

Hinsichtlich der Lesefunktionen scheint insbesondere die Dimension der *individuellen Lesefunktion* (zu welchem Zweck man liest) von Belang, denn hier ist auch die intrinsische Lesemotivation zu verorten. Welche Gratifikationen erhoffen sich also jüngere LeserInnen vom Lesen von Belletristik? Insgesamt stellt die 2018 vom Institut für Demoskopie Allensbach, der Stiftung Lesen und dem BMBF durchgeführte Studie einen »deutlich geringeren Stellenwert des Lesens in der jüngeren

Generation« fest; vor allem Aussagen wie »Lesen macht Spaß« finden bei 16–30-jährigen deutlich weniger Zuspruch als bei älteren Lesern.[20] Dieses Ergebnis entspricht den wenigen Studien, die bis 2009 publiziert wurden: Das Einlassen auf fiktive Welten und die damit in Verbindung stehenden Identifikationserlebnisse spielen eine untergeordnete Rolle im Erleben jüngerer Leute, denn diese Erfahrungen und Funktionen (Unterhaltung, Entlastung), die für Jüngere den Lesespaß ausmachen, werden oft über andere mediale Formate abgedeckt. Lesen wird im Gegenzug mit Qualifikation (Abitur, Examen) und Arbeit verbunden, entsprechend steigt die Relevanz von Informationslesen, Bildungslesen, operationalem Lesen und Qualifikationslesen deutlich vor allem bei besser Ausgebildeten.

Dies steht auch in Zusammenhang mit der *sozialen Dimension von Lesefunktionen*. Das Image des Buches als Bildungsmedium verbindet das Lesen mit Anstrengung und Arbeit, ist jedoch dennoch ein positiv getöntes Image: Lesen erscheint als sozial erwünschte Tätigkeit, indem insbesondere Eltern davon ausgehen, dass Lesefähigkeit und -fertigkeit mit Leistungsfähigkeit und (schulischem und späterem beruflichen) Erfolg korrelieren. Wenn dieses Image jedoch kaum mit der Realität des Lesens zu vereinbaren ist (sinkende Extensität des Lesens), entsteht daraus ein gesellschaftliches Problem: Wo die Medienpraxis nicht mehr der Mediennorm entspricht, treten Widersprüche auf, die schon Robert K. Merton in den 1950er Jahren als »Anomie« kennzeichnete. Anomie definiert Merton

20 https://www.alphadekade.de/alphadekade/shareddocs/downloads/files/umfrage-lesen_grafiken_alle.pdf?__blob=publicationFile&v=1 [24.9.2021], Folie 6.

> als einen Zusammenbruch der kulturellen Struktur […], zu dem es insbesondere dann kommt, wenn zwischen den kulturellen Normen und Zielen und den sozial strukturierten Fähigkeiten der Gruppenmitglieder zu einem normenkonformen Handeln eine scharfe Trennung besteht. (Merton 1995, 56)

Qualitative Studien zum Leseverhalten zeigen nun in Übereinstimmung mit der Theorie der soziologischen Forschung (vgl. zweites Kapitel), dass die sozial erwünschte Zielstellung »literarische Bildung« in zunehmendem Maße mit großen Anteilen sozialen und ökonomischen Kapitals ausgestattet wird – Literatur als kulturelle Kapitalform wird also funktionalisiert, um soziales und ökonomisches Kapital zu erlangen (vgl. Dawidowski 2009, Dawidowski/Hoffmann 2016, Jakubanis 2015). Dabei lösen sich die Mittel von dem Ziel, das innerhalb einer Gruppe von entsprechend (teils hochkulturell) sozialisierten Personen als erstrebenswert erachtet wird. Hier wird auch angesichts einer instabilen literarischen Sozialisation (und damit auch fehlenden Kompetenzen) nicht mehr das institutionalisierte und verordnete Verhalten zur Zielerreichung taugen (lesen, praktischer und reflektierter Umgang mit Hochliteratur), sondern es greifen differenzierte Umgehungsmechanismen, die – teils durch die Institution verdeckt legitimiert, indem kaum sanktioniert – die Erreichung des Ziels garantieren. Dazu zählen beispielsweise die Vortäuschung des Gelesenhabens, das Ersetzen des Lesens durch die Rezeption von Zusammenfassungen, aber auch das Reduzieren von literarischen Texten auf Informationen.

Nachdem die vorangegangenen Ausführungen zunächst die gravierenden Veränderungen in der Mediensozialisation Jugendlicher und den Wandel des Leseverhaltens jüngerer Personen in Tendenzen erfasst haben, sollen diese Ergebnisse nun mit Bezug zum literarischen Lesen im Literaturunterricht zusammengeführt werden.

Zunächst soll es um die leicht messbaren, in der Regel im Bereich des Kognitiven zu lokalisierenden Kompetenzen gehen. Die OECD-Auswertung von PISA-Daten aus dem Jahr 2015 zeigt keine Euphorie hinsichtlich der Versorgung von Schulen mit (digitalen) Medien und des medienbezogenen Umgestaltens von Unterricht. So heißt es dort:

> Die in einer digitalen Umgebung erforderlichen Grundkenntnisse können und sollten vermittelt werden.
> – Online-Lesen erfordert die gleichen Kompetenzen wie das Lesen einer gedruckten Seite – mit dem wichtigen Zusatz, dass man in der Lage sein muss, durch und zwischen Seiten bzw. Bildschirmansichten mit Text zu navigieren und aus einer großen Menge an Informationen die relevanten und vertrauenswürdigen Quellen herauszufiltern.
> – Dass Korea und Singapur beim digitalen Lesen an der Spitze stehen, ohne dass die Lernenden in der Schule umfassend mit Technologien in Kontakt gekommen sind, lässt darauf schließen, dass viele der Beurteilungs- und Aufgabenmanagement-Kompetenzen, die für die Online-Navigation unerlässlich sind, auch mit herkömmlichen, analogen pädagogischen Methoden und Werkzeugen gelehrt und gelernt werden können.[21]

21 »The foundation skills required in a digital environment can and should be taught. Reading online requires the same skills as reading a printed page – with the important addition of being able to navigate through and among pages/screens of text, and filtering the relevant and trustworthy sources from among a large amount of information. Korea and Singapore being in the top performer in digital reading without an extensive exposure to technologies at school

Die kritische Perspektive auf durch habitualisierte Online-Nutzung verursachte Schäden wird deutlich gestärkt:

> Lehrkräfte, Eltern und SchülerInnen sollten auf die möglichen schädlichen Aspekte der Internetnutzung aufmerksam gemacht werden.
> – Schulen können SchülerInnen zu kritischen Konsumenten von Internetdiensten und digitalen Medien ausbilden und ihnen so dabei helfen, fundierte Entscheidungen zu treffen und schädliche Verhaltensweisen zu vermeiden.
> – Eltern können ihren Kindern helfen, zwischen der Nutzung von IKT [Informations- und Kommunikationstechnologie] zur Unterhaltung und Freizeitgestaltung und anderen Freizeitaktivitäten, die nichts mit Bildschirmen zu tun haben, ein Gleichgewicht herzustellen, z. B. mit Sport und – gleichermaßen wichtig – mit Schlaf.[22]

suggest that many of the evaluation and task-management skills that are essential for online navigation may also be taught and learned with conventional, analogue pedagogies and tools.« Dieses und alle folgenden Zitate aus: OECD, *Students, Computers and Learning. Making the Connection*, 2015. http://www. oecd.org/education/students-computers-and-learning-9789264239555-en.htm [24. 9. 2021], 3–6.

22 »Teachers, parents and students should be alerted to the possible harmful aspects of Internet use. Schools can educate students to become critical consumers of Internet services and electronic media, helping them to make informed choices and avoid harmful behaviours. Parents can help children to balance the use of ICT [information and communication technology] for entertainment and leisure with time for other recreational activities that do not involve screens, such as sports and, equally important, sleep.«

Hinsichtlich der für den Literaturunterricht so wichtigen Konkurrenz zwischen digitalen und analogen Texten wird die Endauswertung noch deutlicher:

> – Ressourcen, die in IKT für die Bildung investiert werden, sind nicht mit besseren Leistungen der SchülerInnen in den Bereichen Lesen, Mathematik oder Naturwissenschaften verbunden.
> – In Ländern, in denen es weniger üblich ist, dass SchülerInnen das Internet in der Schule für Schularbeiten nutzen, verbesserte sich die Leseleistung im Durchschnitt schneller als in Ländern, in denen eine solche Nutzung üblicher ist.
> – Insgesamt lässt sich die Beziehung zwischen Computernutzung in der Schule und Leistung grafisch durch eine Hügelform veranschaulichen, die darauf hindeutet, dass eine begrenzte Computernutzung in der Schule besser sein kann als gar keine, dass aber eine Nutzung, die über dem derzeitigen OECD-Durchschnitt liegt, mit deutlich schlechteren Ergebnissen verbunden ist.[23]

Lesekompetenz kann also dieser Auswertung zufolge nicht durch den Einsatz von digitaler Technologie gefördert werden, im Gegenteil: Vermehrter Einsatz von Computern im Unter-

23 »Resources invested in ICT for education are not linked to improved student achievement in reading, mathematics or science. In countries where it is less common for students to use the Internet at school for schoolwork, students' performance in reading improved more rapidly than in countries where such use is more common, on average. Overall, the relationship between computer use at school and performance is graphically illustrated by a hill shape, which suggests that limited use of computers at school may be better than no use at all, but levels of computer use above the current OECD average are associated with significantly poorer results.«

richt schmälert das Lesekompetenz-Niveau im jeweiligen Land. Dabei muss nun berücksichtigt werden, dass es hier rein um »reading literacy«, also im Kern um Informationslesen geht, das Selbstverständnis des deutschen Literaturunterrichts als Erziehung auch zum belletristischen Lesen gar nicht oder kaum berührt wird. Fächervergleichende Studien räumen ein, dass in Deutschland insbesondere der Deutschunterricht neue Medien integriert (Möbius 2014, 343), andere Fächer wie auch beispielsweise die Naturwissenschaften tun sich diesbezüglich deutlich schwerer. Daraus erwächst nun ein zentraler Widerspruch: Ausgerechnet das Fach, das (in Deutschland) mit dem Einsatz digitaler Medien einen großen Teil seines Selbstverständnisses opfert, zeigt sich am aufgeschlossensten ihnen gegenüber.

Die ICILS-Studie maß 2013 computer- und informationsbezogene Kompetenzen im internationalen Vergleich. Zu beachten bei der Interpretation dieser Ergebnisse ist, dass Deutschland sich zu diesem Zeitpunkt vor dem Digitalpakt auf einem der letzten Plätze bei der Ausstattung mit digitalen Medien an Schulen in den OECD-Ländern befand. Möbius attestierte darüber hinaus besonders dem Gymnasium deutliche Rückstände hinsichtlich der schulischen Computernutzung (ebd., 339). ICILS allerdings bilanziert:

> Achtklässlerinnen und Achtklässler in Deutschland erreichen mit einem Mittelwert von 523 Leistungspunkten ein Kompetenzniveau, das sich im internationalen Vergleich im Mittelfeld der Länderrangreihe einordnet. Dieser Mittelwert ist vergleichbar mit dem Mittelwert der Vergleichsgruppe EU (525 Punkte), liegt aber signifikant über dem internationalen Mittelwert (500 Punkte) sowie signifikant über dem Mittelwert der Vergleichsgruppe OECD (516 Punkte). [...] Fast die Hälfte, und damit der größte Anteil der Jugendlichen in

Deutschland, befindet sich auf der mittleren Kompetenzstufe III (45.3%). [...] Etwa 30 Prozent der Schülerinnen und Schüler in Deutschland erzielen Leistungen, die den beiden untersten Kompetenzstufen I und II zugeordnet werden können. [...] Der Anteil der Achtklässlerinnen und Achtklässler auf der höchsten Kompetenzstufe V ist mit 1.5 Prozent sehr gering. Allerdings zeigt sich auch in allen anderen an ICILS 2013 teilnehmenden Ländern, dass nur ein geringer Anteil von Jugendlichen die oberste Kompetenzstufe erreicht (entsprechender internationaler und europäischer Vergleichswert: 2.0% bzw. 2.2%). [...] Achtklässlerinnen und Achtklässler an Gymnasien in Deutschland erreichen durchschnittlich 570 Leistungspunkte und damit eine um 67 Punkte signifikant höhere mittlere Leistung als Jugendliche an anderen Schulformen der Sekundarstufe I (503 Punkte). (Bos [u. a.] 2014, 16 f.)

Ein niedriges Niveau hinsichtlich der Geräteausstattung und des digitalen Lernens scheint in keiner Weise die Leistungsfähigkeit hinsichtlich der computerbezogenen Kompetenzen einzuschränken – insbesondere deutsche GymnasiastInnen, die zu diesem (Erhebungs-)Zeitpunkt (2013) im internationalen Vergleich kaum schulischen Kontakt mit digitalen Medien hatten, zeigten sich vergleichsweise sehr erfolgreich. Delgado [u. a.] widmeten sich einer Meta-Auswertung aller bislang weltweit vorhandenen Studien zum Zusammenhang von Digitalität und Lesen und kamen zu Ergebnissen, die dann in die viel beachtete Stavanger-Erklärung einflossen: »In the present meta-analysis we aimed to facilitate comparisons between print and digital media by including only studies that used linear reading materials, where the digital texts closely resembled the printed versions.« (Delgado [u. a.] 2018, 25) Die Ergebnisse sind die folgenden:

Wie die Ergebnisse der vorliegenden Arbeit zeigen, sind digitale Umgebungen jedoch nicht immer am besten geeignet, ein tiefes Verständnis und Lernen zu fördern. Die direkte Schlussfolgerung ist, dass die Bereitstellung von gedruckten Texten für SchülerInnen trotz der Attraktivität digitaler Lernumgebungen eine wirksamere Maßnahme für verbesserte Verstehensleistungen sein könnte. Angesichts der unvermeidlichen Einbeziehung digitaler Geräte in unsere heutigen Bildungssysteme muss jedoch mehr getan werden, um die SchülerInnen im Umgang mit Leseaufgaben in digitalen Medien zu schulen, und um zu verstehen, wie effektive digitale Lernumgebungen entwickelt werden können. Die Ergebnisse der beiden Meta-Analysen in der vorliegenden Studie ergeben ein klares Bild von der Unterlegenheit der Bildschirmnutzung, im Ergebnis mit schlechterem Leseverständnis bei digitalen Texten im Vergleich zu gedruckten Texten, was frühere Forschungen bestätigt und ergänzt […].[24]

24 »As findings from the current work reveal, however, digital environments may not always be best suited to fostering deep comprehension and learning. The straightforward conclusion is that providing students with printed texts despite the appeal of computerized study environments might be an effective direction for improving comprehension outcomes. However, given the unavoidable inclusion of digital devices in our contemporary educational systems, more work must be done to train pupils on dealing with performing reading tasks in digital media, as well as to understand how to develop effective digital learning environments. The results of the two meta-analyses in the present study yield a clear picture of screen inferiority, with lower reading comprehension outcomes for digital texts compared to printed texts, which corroborates and extends previous research […].« (Delgado [u. a.] 2018, 33 f.)

Lesen am Bildschirm ist mit schlechteren Resultaten hinsichtlich der Verstehenstiefe verbunden – außerdem lernen Kinder nicht allein durch die Präsenz von Apparaten:

> Wenn der bloße Umgang mit digitalen Technologien ausreichen würde, um diese Kompetenzen zu erwerben, dürften wir erwarten, dass der Vorteil des digitalen Lesens zunimmt oder zumindest die Unterlegenheit des Bildschirmlesens im Laufe der Jahre abnimmt. Im Gegensatz zu dieser Annahme deuten unsere Ergebnisse jedoch darauf hin, dass der Effekt der Bildschirmunterlegenheit in den letzten 18 Jahren zugenommen hat und dass es keine Unterschiede bei den Medieneffekten zwischen den Altersgruppen gab.[25]

Delgado [u. a.] sprechen deutliche Warnungen hinsichtlich einer pädagogischen Euphorie der Digitalisierung aus, denn

> wir können nicht untätig darauf warten, dass die Unterlegenheit des Bildschirmlesens verschwindet, wenn Kinder immer früher in ihrem Leben mit digitalen Geräten in Berührung kommen, wenn Erwachsene mehr Erfahrung mit der Technologie sammeln oder wenn die Technologie verbessert wird. Die Daten deuten darauf hin, dass die Unterlegenheit des Bildschirmlesens in allen Altersgruppen eine große Herausforderung darstellt, die mit zunehmender Technologiepräsenz immer gravierender wird. […] wir soll-

25 »If simply being exposed to digital technologies were enough to gain these skills, then we would expect an increasing advantage of digital reading, or at least decreasing screen inferiority over the years. Contrary to this assumption, however, our results indicate that the screen inferiority effect has increased in the past 18 years, and that there were no differences in media effects between age groups.« (Ebd., 34)

ten bei der Einführung des digitalen Lesens im Klassenzimmer vorsichtig sein.[26]

Damit sind die Aussagen der Studie noch wesentlich deutlicher als die der Stavanger-Erklärung, die 150 LeseforscherInnen 2019 publizierten.[27] Hinsichtlich der Kompetenzdimensionen sind die Aussagen quantitativer Studien also eindeutig: Das Lesen längerer Texte, das Verstehen und sogar das Lesen am Bildschirm leiden unter der Integration digitaler Medien in den Unterricht, wenn diese über eine Schwelle reicht, die nur die OECD-Auswertung als den OECD-Durchschnitt definiert. Die Meta-Studie Delgados [u. a.] hält sich diesbezüglich zurück und bezeichnet das Vorhandensein von Technologie im Unterricht generell als Risiko. Ergänzend kann im Übergang zu den qualitativen Studien aus dem deutschsprachigen Raum die m. W. einzige experimentelle und randomisierte Studie zur Korrelation Lesekompetenz – digitale Medien erwähnt werden: Weis und Cerankowsky maßen schulische Leistungen im Lesen, Schreiben und Rechnen von 70 zehnjährigen Jungen, von denen im Anschluss 35 eine Spielkonsole erhielten. Nach vier Monaten erfolgte die zweite standardisierte Messung beider Gruppen mit folgendem Ergebnis:

26 »[…] we cannot idly wait for screen inferiority to disappear as children are exposed to digital devices earlier and earlier in their lives, as adults gain more experience with the technology, or as technology improves. The data suggest that screen inferiority is a major challenge across age groups that becomes more severe as the presence of technology increases. […] we should be cautious about the introduction of digital reading in classrooms.« (Ebd.)

27 Vgl. https://www.faz.net/aktuell/feuilleton/buecher/themen/stavanger-erklaerung-von-e-read-zur-zukunft-des-lesens-16000793.html [24. 9. 2021].

> Der Besitz von Videospielen bei Jungen steht in Zusammenhang mit schlechteren schulischen Leistungen in den Bereichen Lesen und Schreiben. Insgesamt waren die Lese- und Schreibleistungen der Jungen, die zu Beginn der Studie die Spielkonsole erhalten hatten, von der Ausgangslage bis zur abschließenden Leistungsmessung relativ gleichbleibend und etwas unterdurchschnittlich. Im Gegensatz dazu zeigten die Jungen der Kontrollgruppe im Verlauf der Studie bessere Leistungen im Lesen und Schreiben.[28]

Erstaunlicherweise gelten die Folgerungen nicht für die mathematischen Fähigkeiten. Bildschirmmedien scheinen deutlich höheren Einfluss auf Konzentrationsfähigkeit, Ausdauer und den »Leseatem« als auf andere Kompetenzen zu haben; dies legte auch die Studie Delgados [u. a.] nah. Damit ist der Deutschunterricht in seinem Kern betroffen, zumal es bereits hier um mehr als kognitive Kompetenzen geht, denn insbesondere literarisches Lesen fordert mehr und andere Dimensionen des Leseverhaltens. In diesem Kontext spielt die oben erwähnte Kategorie der »Funktionalität« eine entscheidende Rolle, denn Zweckvorstellungen sind in der Regel handlungsleitend. Im Folgenden werden also qualitative Studien zusammengefasst, die solche Dimensionen des literarischen Lesens messen, die nicht durch kognitive Kompetenzen erfasst werden, dennoch das Leseverhalten maßgeblich beeinflussen.

28 »Video-game ownership among boys is associated with decreased academic achievement in the areas of reading and writing. Overall, boys who received the video-game system at the beginning of the study showed relatively stable and somewhat below average reading and writing achievement from baseline to follow-up. In contrast, boys in the control group showed increased reading and writing achievement across the duration of the study.« (Weis/ Cerankowsky 2010, 467)

Carolin Meier (2019a) erfasste solche Dimensionen bei Grundschulkindern durch eine künstliche Längsschnittstudie zu Wirkungen des Onlineportals *Antolin*, das in Deutschland nahezu flächendeckend vor allem im Primarbereich zu Zwecken der Leseförderung eingesetzt wird. Hier geht es also nun um andere Dimensionen als die nur kognitiven Kompetenzen: Einstellungen zum Lesen sollen erfasst werden, die sich unter dem Einfluss der schulischen und privaten Nutzung digitaler Programme herausbilden oder verändern. Meiers Ergebnisse deuten auf eine kurzfristig starke Beeinflussung »auf das Leseverhalten, die Lesemotivation, die Buchauswahl und auch auf die Einstellung der SchülerInnen zum Lesen im Allgemeinen« (Meier 2019b, 109) hin:

> Es wurde deutlich erkennbar, dass die ViertklässlerInnen, bei denen Antolin ein fester Bestandteil des Leseunterrichts ist, im Gegensatz zu denen, die das Portal nicht intensiv nutzen, differente Einstellungen zum Lesen aufweisen: Der Großteil der Kinder, die Antolin intensiv nutzen, dem Lesen eigentlich positiv gegenüber stehen und intrinsisch motiviert sind, lesen nur noch selten aus persönlichen Interessen und verbinden das Lesen eher mit Arbeit. Ihre genussorientierte Einstellung zum Lesen wird folglich von einer leistungsorientierten überlagert. Ein deutlich kleinerer Teil der SchülerInnen, die Antolin intensiv nutzen, liest ausschließlich pflichtbasiert, was allerdings nicht direkt auf den Einsatz des Programms zurückzuführen ist, allerdings trägt er dazu bei, diese Einstellung zu festigen. Bei der Mehrheit der SchülerInnen, die Antolin nur freiwillig zu Hause oder gar nicht nutzen, sind keine Einflüsse dieser Nutzungsart auf ihre Einstellung zum Lesen feststellbar. Ihre stark gegenstandsspezifische intrinsische Lesemotivation bleibt bestehen. […] Anstatt intrinsischer Lesemotivation scheint die Nutzung

> von Antolin eher extrinsische Lesemotivation zu fördern und dadurch dazu beizutragen, dass die Kinder das Lesen mehr mit Arbeit verknüpfen als mit Vergnügen, was dem Anschein nach die Entwicklung einer positiven Einstellung zum Lesen eher behindert. (Ebd.)

Das »drill and test«-Design des Portals führt also zur Herausbildung einer nur leistungsorientierten, auf extrinsische Anreize (Punkteerwerb, Status im Ranking) zurückzuführenden Haltung gegenüber belletristischem Lesen, die letztlich sogar die Buchauswahl bestimmt: Die Grundschulkinder mit digitaler Leseförderung wählen solche Bücher aus, die die meisten Punkte einbringen, nicht solche, die ihnen persönlich gefallen. Meiers Untersuchung legt den Finger in die Wunde rein meritokratisch organisierter Informationsgesellschaften,[29] in denen eine Beschäftigung wie das (zweckfreie) Lesen zur Unterhaltung oder Entspannung nun plötzlich auf sinkende Lesekompetenzen bezüglich längerer Texte und Verstehenstiefe, beeinflusst durch neue Lesehaltungen am Bildschirm, trifft: Diese Allianz lässt Kindern und Jugendlichen das belletristische Lesen nicht nur als anstrengend erscheinen, sondern darüber hinaus als eine Beschäftigung, die für das schulische und berufliche Fortkommen und den zu erwartenden gesellschaftlichen Status vordergründig nichts einbringt. Diesen Effekt belegte vor allem die bereits 2002 publizierte (experimentelle) Studie von Ennemoser, Schiffer und Schneider (2002) hinsichtlich des Fernsehkonsums bei Kindern: Erhöhter Fernsehkonsum in der Vorschulzeit korreliert mit (im Vergleich zu anderen Kindern) geringerer Lesekompetenz – es fehlt den Kin-

29 Werner Helsper belegte diese Ausrichtung des Schulsystems der Gegenwart am Beispiel exklusiver Gymnasien jüngst in einer breit angelegten Studie (vgl. Helsper 2018).

dern schlicht die Zeit für printorientierte Beschäftigungen wie Bilderbuchlektüre und Vorlesen, so auch das Ergebnis der oben referierten Studie von Weis und Cerankowsky (2010, 463): »Results provide experimental evidence that video games displace after-school activities that have educational value« (Weis/Cerankowsky 2010, 463). In der Folge entwickelt sich in der Grundschulzeit ein Teufelskreis aus Misserfolg, Frustration und daraus folgender verstärkter Medienaffinität: Wer von vorneherein Rückstände in der Vergleichsgruppe aufweist, tendiert zur Entwicklung eines instabilen Selbstbildes und regrediert weiter – der Medienkonsum wird also noch verstärkt.

Sind solche Effekte auch durch Studien mit älteren Probanden belegbar? Weis/Cerankowsky und Ennemoser/Schiffer/Schneider veranschaulichen die Komplexität der der Medienkonkurrenz zugrundeliegenden Mechanismen im Verlauf der Sozialisation – es bleibt also fraglich, welche Einstellungen und Haltungen gegenüber dem Lesen sich gegen Abschluss der Sozialisation bei Übertritt ins Erwachsenenalter (ältere Jugend und Adoleszenz) bei »digital natives« herausbilden.

Im Rahmen eines umfassenden Projektes zu literaturbezogenen Deutungsmustern und deren Aushandlungsprozessen in der Oberstufe erhoben Dawidowski, Hoffmann und Stolle (2019) in einem echten Längsschnitt 83 narrative Interviews mit SchülerInnen aus insgesamt sieben Leistungskursen und ihren LehrerInnen in zweijährigem Abstand. Teilweise überraschend deutlich sind die Funktionszuschreibungen hinsichtlich des (literarischen) Lesens und die subjektiven Dimensionen, die Literatur im Leben dieser Schülerinnen und Schüler (und LehrerInnen) einnimmt und die oft bereits teilstabile Deutungsmuster bilden. Dabei zeigte sich, dass jugendliche SchülerInnen in deutlicher Mehrheit (Verhältnis 2 : 1) eine klare Trennung des privaten vom schulischen Lesen vornehmen, wobei das schulische Lesen als anstrengend, leistungsorientiert und berufsqualifizierend klassifiziert wird. Dimensionen des persönlichkeitsbezogenen Lesens werden kaum erreicht. Diese Haltung zeigte sich in der ersten Gruppe, in der lesespezifische Ausprägungen komplett fehlen (zehn Nichtleser ohne emotionale Anteilnahme am Lesen), und der zweiten Gruppe, die Literatur als Lern- und formales Bildungsmedium wertet (17 oft kompetitive LeserInnen, die das Lesen als Wettbewerbsgeschehen im schulischen Zielzusammenhang funktionalisieren). In diesen beiden Gruppen war die Dominanz der Plattform *Antolin* in ihren biographischen Erinnerungen höchst augenfällig. Selbige scheint teilweise das Vorlesen in der biographischen Konstruktion zu ersetzen. SchülerInnen, für die Literatur ein Unterhaltungs- oder persönlichkeitsbildendes Medium ist, bleiben in der Minderheit (13 insgesamt). Auch die jüngeren LehrerInnen wiesen ein auffälliges Muster hinsichtlich ihrer literaturbezogenen Deutungsmuster auf: Wie die SchülerInnen trennen auch sie deutlich zwischen privatem und berufsbezogenem Lesen und ordnen beiden Haltungen andere Funktionen (Unterhaltung vs. Leistung und Qualifikation) und auch andere Lesestoffe zu (vgl. Stolle 2017, siehe unten).

Insbesondere das auffällige Muster der Auftrennung von Lesehaltungen und Deutungsmustern in Verbindung mit zwei konkurrierenden und unvereinbaren Lesehaltungen führte zum Versuch der Verifikation über eine Fragebogenstudie mit 652 Lehramtsstudierenden Deutsch aller Schulformen an zehn deutschsprachigen Universitäten (vgl. Dawidowski/Hoffmann 2016). Auch hier zeigte sich die klare Trennung in privates und berufsbezogenes Lesen. Literatur ist für die meisten Studierenden ein Bildungsmedium, das im didaktischen Kontext primär der Vermittlung von Lesekompetenz und Wissen dienen soll. Der Vergleich mit der ähnlich angelegten Agamemnon-Studie von Nündel/Schlotthaus (1978) aus den

1970er Jahren zeigt, dass solche Haltungen dort nicht existierten.

Studien, die mit jüngeren LehrerInnengenerationen arbeiten, zeigen also bereits eine Entsprechung hinsichtlich der Funktionszuweisungen zu Literatur und hinsichtlich von Lesehaltungen zwischen SchülerInnen, Lehramtsstudierenden Deutsch und (jüngeren) LehrerInnen. So formulierte bereits Dorothee Wieser 2008 als Ergebnis ihrer Analysen von 24 Interviews mit ReferendarInnen Deutsch eine grundlegende Verunsicherung vor allem hinsichtlich des Bewusstseins einer fehlenden Wissensbasis. Köhnens Fragebögen mit 109 Lehramtsstudierenden Deutsch zeigte folgende Merkmale der ProbandInnen: hohe Unsicherheiten, schlechte Selbsteinschätzung hinsichtlich der Leistungsfähigkeit und der Belastungsfähigkeit, private Mediennutzung entspricht nicht »guter« (Selbsteinschätzung der InformandInnen) Mediennutzung, geringe fachwissenschaftliche Interessen, geringes Engagement/Interesse im/am kulturellen Bereich, also »eine bewusste Trennung von Freizeit und Beruf« (Köhnen 2014, 58). Letzteres ist eines der wesentlichen Ergebnisse von Stolles umfassender Studie mit sieben LehrerInnen des Faches Deutsch: Die klare Trennung von beruflichem und Freizeitlesen fand sich hier insbesondere bei Lehrenden der jüngeren Generation. Diese wiesen eine klare Ausprägung auf hinsichtlich der der Literatur zugeschriebenen Funktionen (Deutungsmuster): Im beruflich-schulischen Zusammenhang waren diese pragmatisch und funktional ausgerichtet ohne Anbindung an Lebensweltliches (vgl. Stolle 2017).

So erscheint eine Funktionszuschreibung des Lesens zentral, die in dieser Klarheit zuvor nicht existierte: Das Lesen wird dem (schulischen, beruflichen) Leistungsgedanken eingegliedert, es wird messbar und in Notenwerten kalkulierbar. Deutlicher Ausweis ist die *Antolin*-Plattform als Verstärker und der Modus des kompetitiven (am Wettbewerb ausgerichteten) Lesens, der in Vorgängerstudien nicht auszumachen war, im vorliegenden Datenmaterial jedoch zu einem sehr präsenten Modus avanciert. Lesen in diesem Modus ist ein extrinsisch motivierter Vorgang, der den Zwecken des Statuserwerbs untergeordnet ist. Auch (jüngere) Lehrende sind jüngsten Studien zufolge von diesem Modus geprägt und finden kaum eine (intrinsische) Anbindung an den Kosmos des Literarischen und die Literaturgeschichte. Im Hintergrund ist der Einfluss digitaler Unterhaltungsmedien wirksam, denn Gratifikationen im Bereich des Emotionalen und des Unterhaltenden suchen und finden solche Generationen, die mit digitalen Medien aufwachsen, eher dort als im Bereich des oft als zeitraubend und anstrengend empfundenen literarischen Lesens.

Zwei Studien untersuchten bereits von einigen Jahren die Effekte eines dem schulischen Leistungszusammenhang eingegliederten literarischen Lesens, das die Anbindung an Lebensweltliches vernachlässigt, in zwei unterschiedlichen Milieus: Pieper [u. a.] widmeten sich HauptschülerInnen in »schriftfernen Lebenswelten« (2004), Dawidowski (2009) GymnasiastInnen des »Hochkulturschemas«. Beide Studien bemühten sich, die Sozialisationsverläufe der untersuchten ProbandInnen einzubeziehen und selbige in direkter Abhängigkeit vom umfassenden Mediengebrauch Jugendlicher zu erfassen. Die Ergebnisse beider Studien bilden das Spektrum der Deutungsmusterzuweisung an Literatur ab: Die nicht literarisch Sozialisierten erleben Literatur als etwas sie Frustrierendes, das anderen Milieus vorbehalten bleibt. Die literarisch Sozialisierten gliedern das literarische Lesen ihrem zielorientierten Lebenslauf auf gelingende Weise ein; Literatur wird so zum Teil ihres »kulturellen Kapitals«. Dieser soziale Mechanismus scheint übertragbar auch auf die heutige Situation, jedoch ist damit zu rechnen, dass durch die Intensivierung medialer

Nutzung und die Vernachlässigung literarischer Sozialisationen im öffentlichen Schulsektor die erste Gruppe heute größer wird.

Nachdem nun deutlich wurde, wie sich literarische und mediale Lebenswelten der AkteurInnen des Deutschunterrichts verändert haben, soll es nun um *den Unterricht selbst* gehen. Wie sieht ein Literaturunterricht unter solchen Bedingungen aus? Dawidowski, Hoffmann und Stolle (2019) begleiteten sieben gymnasiale Leistungskurse während der gesamten Qualifikationsphase, um die Frage zu beantworten, welche Einflüsse die oben konstatierten Einstellungen und Haltungen gegenüber Literatur auf die konkrete Literaturvermittlung in der Oberstufe haben.

Es stellte sich im Verlauf dieser Analysen heraus, dass – wohl anders als in freiwilligen Lesegruppen – im institutionellen Rahmen Schule der Orientierungsrahmen klar gesetzt wird durch das leitende Deutungsmuster (Haltung, Einstellung gegenüber Literatur) der Lehrperson. Dieses Deutungsmuster bestimmt nicht nur die subjektiven Theorien der Lehrperson über die Organisation von literaturbezogenen Lernprozessen und wirkt so in die Unterrichtspraxis hinein. Darüber hinaus ist der Aushandlungsprozess so zu verstehen, dass die Setzung des Deutungsmusters die Reaktion und Auseinander-Setzung von SchülerInnenseite provoziert und auslöst. Es geht also nicht um einen freien Austausch auf hierarchiefreier Grundlage, sondern die SchülerInnen positionieren sich zu einer gegebenen Setzung affirmativ. Die Deutungsmuster der Lehrpersonen sind ungeheuer dominant, indem sie vorhandene und »mitgebrachte« Deutungsmuster auf SchülerInnenseite immens verstärken können, teilweise sogar die Entstehung völlig neuer Deutungsmuster begünstigen. Wesentlich erscheint nun die »Passung« von Deutungsmustern: LehrerInnen, die Literatur als Lernmedium im beruflichen Kontext betrachten und eine Trennung zwischen Privat- und Schullektüre vollziehen, veranlassen viele der SchülerInnen zur Übernahme dieses Deutungsmusters, die keine oder lernorientierte Vorstellungen über Literatur haben. Bei LehrerInnen hingegen, die Literatur vorrangig im Sinne der Persönlichkeitsbildung wahrnehmen und bei denen zwischen privater und schulischer Lektüre ein Kontinuum besteht, ist eine Anähnelung der Deutungsmuster bei dem größten Teil der SchülerInnen zu verzeichnen. Dabei scheint die Aushandlung zwischen Typen von Deutungsmustern auf SchülerInnenseite und denen der Lehrperson eine entscheidende Rolle zu spielen, ansonsten käme es nicht zu derart offensichtlichen Übernahmen der lehrerInnenbezogenen Deutungsmuster. SchülerInnen scheinen sich an den gegebenen Deutungsmustern im Unterricht »abzuarbeiten«, sie mit ihren »mitgebrachten« Deutungsmustern »abzugleichen« und als Ergebnis von Ko-Konstruktionsprozessen verfestigte Deutungsmuster »mitzunehmen«. Aufschlussreich sind in diesem Zusammenhang die »konsensorientierten« Kurse. Diese werden von jüngeren Lehrenden geleitet, die Passung zwischen Lernenden und Lehrenden ist hoch, und es dominieren die Deutungsmuster »Literatur als Lernmedium« und »Literatur als Medium formaler Bildung«. In »dissensorientierten Kursen« mit wenig Passung werden dem gegenüber Wir-Identitäten in Aushandlungsprozessen über die symbolische Dimension von Literatur erzeugt. Dabei waren zwei Kurse als Dissens zulassend, fünf als konsensorientiert beschreibbar.

Konsensorientierte Kurse zeichnen sich teilweise durch eine starke LehrerInnendominanz aus; die Aushandlung ist eher funktionalistisch-ritualistisch organisiert (im Extremfall kommt es zu Abstimmungen). Die Bedeutung von Literatur wird mitdiskutiert, aber die Debatten bleiben letztlich bedeutungslos, weil dort die Deutungsmuster »Lernmedium« und

»formale Bildung« klar dominieren. Es waren dies sämtliche Kurse jüngerer LehrerInnen, die sich durch eine Doppelstruktur ihres Deutungsmusters (»Lernmedium« versus »Unterhaltung«) kennzeichnen ließen, außerdem ein Kurs einer älteren Lehrerin, deren Deutungsmuster als »Literatur als Lernmedium« beschreibbar war. Die Dominanz der institutionellen Dimension von Schule im Unterricht erzeugt hier hohen Konformitätsdruck und forciert Konsensbildung, denn LehrerInnen und SchülerInnen haben größtenteils angeglichene Deutungsmuster und das gleiche Feindbild (Vorgaben). Hier sind Ko-Konstruktionen kaum auszumachen. Damit wird ein Konsens forciert, der Deutungsmuster angleicht in dem Sinne, dass Literatur als Lernmedium mit dem Zweck des formalen Bildungsabschlusses (Abitur) gesetzt scheint. Der Unterrichtsdiskurs ist somit nicht irritierend, sondern im Kern bestätigend. SchülerInnen mit einem persönlichkeitsbildend-ästhetischen Deutungsmuster werden somit teilweise auf das Deutungsmuster »Literatur als Lernmedium« bzw. »Literatur als Medium formaler Bildung« verwiesen und erleben nicht-utilitaristische Einstellungen gegenüber der Literatur als langfristig frustrierend.

Anders in den zwei Dissens zulassenden Kursen, die von älteren Lehrerinnen geleitet wurden, deren Deutungsmuster Literatur in den Horizont von Persönlichkeitsbildung einrückte und die Literatur mit dem Bildungsgedanken verknüpften. Hier war trotz der Dominanz des lehrerinnenseitigen Deutungsmusters in der Unterrichtsorganisation die Passung zwischen Lehrerin und SchülerInnen kaum gegeben, was zu einem »irritierenden Diskurs« (teils intensive, konfliktuöse Debatten) führte, der jedoch – anders als in den oben beschriebenen konsensorientierten Kursen – nicht verdeckt oder vermieden wurde, sondern vielmehr sogar befördert wurde.

Dieses Kapitel referierte in einem weiten Bogen viele jüngere Studien, die sich mit dem Wandel des Leseverhaltens insbesondere bei jüngeren Generationen und im Zusammenhang mit dem Literaturunterricht befassen. Bevor im folgenden Kapitel dieser Eindruck auf die Erkenntnisse der ersten beiden Kapitel bezogen wird, soll abschließend eine Rückschau auf die teils disparaten Studien erfolgen, um ein bündiges Ergebnis formulieren zu können.

Die »digital natives« können hinsichtlich ihres Umgangs mit alten und neuen Medien als eine Generation beschrieben werden, die die eingangs beschriebene dritte Medienrevolution erlebt und gestaltet. Digitale Medien werden in diesem Zuge zu »neuen Sinnstiftern«, und der Umgang mit dem alten Medium Literatur wandelt sich grundlegend. Vor allem informierte und höherer Schulbildung ausgesetzte Milieus haben in der Leistungsgesellschaft das soziale und kulturelle Kapital, das sich mit dem Lesen verbindet, als wesentlich für ihre Lebensführung entdeckt. Das Lesen wird entsprechend funktionalisiert: Es garantiert beruflichen und gesellschaftlichen Erfolg und zeigt Leistungsfähigkeit. Gleichzeitig belegen Studien aus Europa und den USA, dass Investitionen in die Digitalität an Schulen wenig förderlich für die Verstehenstiefe (»deep reading«) und das literarische Lesen sind. Statt Verstehen zu begünstigen, verstärken sie wie im Falle der Plattform *Antolin* das Leistungsdenken (kompetitives Lesen als »neue« Lesehaltung) und schwächen damit subjektbezogene Funktionen des literarischen Lesens (Genuss, Unterhaltung, tiefes Verstehen, Kritikfähigkeit, auch ästhetisches Erleben). Dies zeigt sich in der Trennung von privatem und schulbezogenem Lesen bei SchülerInnen wie LehrerInnen: Vom »offiziellen« Schulstoff wird gar nicht erwartet, dass eine subjektive Anbindung erfolgen könnte, dass er irgendetwas mit mir oder uns zu tun haben oder gar Spaß machen könnte. Effekte zeigen sich im Unterricht: Lehrenden mit einer solchen Überzeugung gelingt es nicht, Literatur zu einem Element der Persönlichkeitsbildung zu machen.

Dabei bedingen sich fehlende Kompetenzen im Verstehen literarischer Texte und Persönlichkeitsanbindung wechselseitig: Wer nicht verstehen kann (weil elementare Lesefähigkeiten oder der Leseatem beispielsweise durch eine gescheiterte Lesesozialisation fehlen), wird es auch nicht wollen und umgekehrt. Dies ist eine oft wiederholte pädagogische Binsenweisheit, die jedoch seit der umfassenden Digitalisierung kindlicher und jugendlicher Lebenswelten einer neuen Qualität ausgesetzt ist. Schulsysteme beginnen zumindest teilweise (und sicherlich auch zu Recht), auf Elemente schulischer literarischer Sozialisation zu verzichten und ihr Absterben stillschweigend zu akzeptieren (beispielsweise, indem längere Texte nicht mehr vorausgesetzt und aus Lehrplänen gestrichen werden, durch Verfilmungen ersetzt werden, nicht mehr Gegenstand von Klassenarbeiten sind, in Lehrbüchern nur noch vereinzelt auftauchen etc.).

Jüngere Studien aus den Bereichen der qualitativen Schulforschung zeigen, dass die für den Literaturunterricht und das literarische Lesen in diesem Kapitel referierten Studien zu den Veränderungen des Bildungssystems seit dem endgültigen Greifen der Bildungsreformen passen. Insofern ist es plausibel, den Wandel des (schulischen) Umgangs mit Literatur als Teil eines umfassenden, politisch gesteuerten Wandels des Bildungssystems zu begreifen. Bellmann [u. a.] (2016) legten die ersten empirischen Ergebnisse einer Analyse der »Nebenfolgen Neuer Steuerung« im deutschen Schulsystem vor und zeigen, dass diese wesentlich massiver sind als angenommen. Zentralisierung, Outputorientierung und Steuerung schaffen neue Lehrertypen und neue Führungsstrategien an Schulen, die eine Gefährdung der Bildungsvermittlung darstellen. Obgleich Deutschland bislang »Minderergebnisse« von Schulen nicht direkt sanktioniert (wie längst in anderen Ländern Usus), sind die versteckten Einflüsse massiv, so ihre Diagnose. Malte Brinkmanns Auswertung des Forschungsprojektes SZeNe (videographierte Unterrichtssequenzen von nach Maßgabe aktueller Ausbildungsstandards durchgeführtem Unterricht) zeigt:

> Unter konkreter Bezugnahme auf evidenzbasierte Forschung, Kompetenztheorien und Bildungsstandards wird ein Unterricht konzipiert und hervorgebracht, der [...] deprofessionalisiert mit unterrichtlichen Anforderungssituationen umgeht und – statt Aufmerksamkeit und Lernen zu ermöglichen – Unaufmerksamkeit produziert. (Brinkmann 2018, 116)

In den analysierten Szenen wird deutlich, dass »die unterrichtliche Ordnung es selten zulässt, dass ›fruchtbare‹ Momente und bildende Ereignisse hervortreten« (ebd., 128).

Das letzte Kapitel wird diese Entwicklungen diskutieren und Handlungsmöglichkeiten offerieren.

4
Was bleibt? Handlungsoptionen für den Literaturunterricht

Die am Ende des vorigen Kapitels zusammengefassten Ergebnisse von jüngeren und meist qualitativen Studien zur literarischen Bildung und zu ihrer schulischen Vermittlung in einer digitalisierten Leistungsgesellschaft sollen zunächst in ein Verhältnis zu den Ergebnissen der ersten beiden Kapitel gesetzt werden. Das erste – historisch argumentierende – Kapitel zeigte die philosophischen Ursprünge von Bildungstheorien des Humanismus, die das literarische Lesen v. a. »hoher« Literatur zu einem wesentlichen Kern der Schulbildung machten. Das Ziel bestand für Herder, Hegel und Humboldt vor allem in der Persönlichkeitsbildung, also der Formung des Charakters. Literatur, so die Annahme, könne durch ihre ästhetische Form und ihren »edlen« Inhalt direkt den Prozess der Persönlichkeitsentwicklung beeinflussen. Für diese Annahme gibt es bis heute nur sehr wenige empirische Belege, die meist im Rahmen von qualitativen Studien mit einer sehr kleinen Probandenzahl gewonnen wurden. Aller Wahrscheinlichkeit nach müssen wir davon ausgehen, dass ein solcher Zusammenhang nie empirisch sicher belegt werden kann. Auch zeigte das erste Kapitel, dass bereits in der Schule des 19. Jahrhunderts solchen regulativen Ideen nur bedingt entsprochen wurde. Das zweite Kapitel unternahm den notwendigen Transfer zur Gegenwart und verdeutlichte durch den Bezug zur soziologischen Bildungstheorie die Funktion von »Bildung« als einer regulativen Idee oder genauer: einer Kontingenzformel, die als Scharnier und Schmiermittel in sozialen Systemen wirkt. Sie ermöglicht ihren Zusammenhalt und wird so funktionalisiert hinsichtlich auch historisch bedingter Zielvorstellungen. So wurde deutlich, dass auch »Nationalisierung« eine Zielvorstellung war, zu deren Erreichung »literarische Bildung« im Sinne der Formung einer nationalen Persönlichkeit dienlich sein konnte. Außerdem fungierte »literarische Bildung« immer schon als Distinktionsmittel höherer Gesellschaftsschichten.

Im Grunde stehen philosophische und soziologische Bildungstheorien sich also als kaum vereinbar gegenüber – oder besser: Die soziologische Bildungstheorie schafft es als eine »Supertheorie«, sich die philosophische einzuverleiben und sie aus einer Metaperspektive hinsichtlich ihrer Funktion zu betrachten. Das dritte Kapitel zeigte nun, dass auch die Gegenwart von der Spannung zwischen beiden Theorieentwürfen geprägt ist: Noch gilt die Bildungsformel in Bildungsinstitutionen, literarische Bildung ist jedoch im Bewusstsein ihrer Akteure (SchülerInnen, LehrerInnen) und auch im Vollzug ihrer Vermittlung (Literaturunterricht) längst funktionalisiert hinsichtlich des reibungslosen Ablaufs von Selektion und Allokation als zweier wesentlicher Funktionen von Schule. Leistungsgesellschaften benötigen gerade in diesen Bereichen (Auswahl und Zuweisung geeigneter Produktivkräfte zu Wirtschaftssystemen) Verlässlichkeit und Passgenauigkeit, denn Fehlzuweisungen sind zeitraubend und können teuer werden. Die Digitalisierung der Bildung zeitigt diesbezüglich bessere Ergebnisse, denn Leistungen (auch das verstehende Lesen von Literatur) werden eindeutiger messbar und in ihre Bestandteile zerlegbar, so dass klarer wird, welche einzelne Kompetenz im Berufsfeld von Nutzen sein kann. Was sich hier wie eine (marxistisch inspirierte) Anklage liest, sollte nicht als eine solche missverstanden werden: Eine hochgradig differenzierte und demokratische Leistungsgesellschaft benötigt solche Zuteilungen und könnte möglicherweise mit einem Schulsystem, das nur für die individuelle Genügsamkeit und Zufriedenheit des Einzelnen sorgt, auch als Demokratie keinen Bestand haben.

Darüber hinaus leidet eine solche Gesellschaft massiv unter dem Wegbrechen elementarer Kompetenzen wie Lesen und Schreiben, denn noch können Personen mit solchen Defiziten meist nur in einfachen Tätigkeiten beschäftigt werden – die allerdings zunehmend durch Maschinen erledigt werden. Der derzeitige Ausweg scheint dabei zum einen in der schulischen Förderung zu bestehen (die jedoch bisher die Alphabetisierungsquote nicht anheben kann), zum anderen jedoch in der allmählichen Aufhebung der Notwendigkeit von solchen elementaren Kompetenzen: Digitale Systeme können über Sprach- und Vorleseassistenten, Instruktionsvideos, Grafiken und Icons bereits jetzt einen Großteil geschriebener Sprache ersetzen. Teilweise schon heute, sicherlich aber in naher Zukunft wird man für das Recherchieren von (nicht zu komplexen) Informationen im Internet keine Schrift mehr benötigen. Insofern ist zumindest eine sich primär auf Informationsentnahme beziehende Lesetechnik ersetzbar, nicht jedoch das, was man als »deep reading« bezeichnet: die Fähigkeit, Texte auch kritisch zu durchdringen und einen auch ästhetischen Genuss mit ihrer Lektüre zu gewinnen – eben das, was bisher als persönlichkeitsbildendes Lesen verstanden wurde.

Sollte dies nun das Ende der literarischen Bildung bedeuten? Oder dient sie nur noch der Selbstverständigung einer kleinen Bildungselite, ähnlich wie die gehobene Automarke oder das Golfspiel? Tatsächlich ist angesichts der Ökonomisierung des Bildungssystems heute vollkommen unklar, wozu das literarische Lesen in der Schule dienen soll, wenn eben nicht den Zwecken der Persönlichkeitsbildung, des (auch ästhetischen) Genusses, der Ausbildung von Kritikfähigkeit. Einen Überblick über Epochen deutscher Literatur, die Lektüre des *Faust*, die mühsame und langwierige Abarbeitung des hermeneutischen Zirkels an der *Todesfuge* – ehrlicherweise muss man zugeben, dass hier keine Kompetenzen gebildet werden, die in irgendeiner Weise Nützlichkeit in einer hoch differenzierten und technifizierten Gesellschaft beanspruchen könnten. Sicherlich, genaues und konzentriertes Lesen wird geschult, ein Blick hinter Oberflächen findet statt, auch historisches und kulturelles Wissen wird vermittelt – all diese Kompetenzen könnte man jedoch ebenso gut mit nahezu beliebigen anderen (pragmatischen, grafischen) Texten erreichen. Lediglich die Wissensvermittlung scheint da noch zu motivieren, garantiert sie doch die Zugehörigkeit zu Milieus, in denen solches Wissen (beispielsweise über Literaturgeschichte) noch der Selbstverständigung dient, vergleichbar also der Zitatkultur in der Bildungselite des 19. Jahrhunderts.

Immer schon allerdings war der Bildungsbegriff auch etwas davon grundlegend Verschiedenes. Er war als Idee wirksam, die nicht ihre unmittelbare Entsprechung in der Wirklichkeit suchte. Die Realisierung grenzenloser Humanität, der »ästhetische Staat« Schillers beispielsweise, kann als Wirklichkeit kaum gedacht werden, denn realisierbar wird sie nie sein, und ihre Realisierung ist möglicherweise auch gar nicht wünschenswert. Literatur beschreibt Robert Musil als ein »Widerlager im Imaginären« – sie dient gerade als Korrektiv, das handlungsleitende Bewusstseinsänderungen bewirken kann, indem sie alternative Möglichkeiten des Daseins aufzeigt, die im Sinne eines geistigen Probehandelns durchgespielt werden können. Sie tut dies im besten Fall als Kunstform mit ästhetischem Anspruch. So attestiert Malte Brinkmann jüngst der ästhetischen Bildung das Potenzial, einen Modus des »Verweilens«, also der »contemplatio«, initiieren zu können, der für jeden Bildungs- und Erziehungsprozess elementar ist (vgl. Brinkmann/Willatt 2019).[30]

30 Die vorliegende Abhandlung klammert aus systematischen Gründen eine wichtige Relation aus, in der sich »literarische Bildung«

Solche Dimensionen sind natürlich nicht »nützlich« – und sie sind zunächst radikal individuell, bevor sie dann diskutiert und auf Gesellschaft bezogen werden. Sie sind also Teil einer allgemeinen Persönlichkeitsentwicklung, Teil von »Bildung«, wie sie schon Herder definierte. Es bleibt so die übergeordnete Frage, ob Schule oder unsere Gesellschaft nach wie vor an der Vermittlung solcher Dimensionen interessiert sind, um Menschen zu bilden – oder ob Schule ein Instrument von einer an Nützlichkeit orientierten Leistungsgesellschaft sein, im Kern also Teilhabe (am Wohlstand, an der Existenzsicherung, an bestimmten Milieus, am Konsum etc.) sichern soll. Ob es der altsprachliche Unterricht, die Frage nach dem epochalen Unterrichten (lies: der Kürzung) der Fächer Kunst und Musik oder eben der Stellenwert von Literatur im Deutschunterricht ist: Immer wieder steht diese Frage im Zentrum.

Entscheidet man sich jedoch für einen Verbleib des literarischen Lesens im Unterricht, darf Literatur nicht zu einem Instrument von ihr grundsätzlich fremden Zielen gemacht wer-

immer befindet, nämlich die zur ästhetischen Bildung. Die seit den 1980er Jahren virulente Debatte in der Erziehungswissenschaft um Qualität und Potenzial ästhetischer Bildung, die auch durch Rückgriffe auf die Phänomenologie geführt wurde (Mollenhauer, Meyer-Drawe), kann hier kaum rekonstruiert werden. Die ästhetische Dimension von Literatur legt nahe, dass literarische Bildung eine enge Verbindung zur ästhetischen Bildung unterhält. Im vorliegenden Entwurf werden ästhetische Dimensionen der Persönlichkeitsbildung als genuiner Teilbereich klassischer Bildungstradition verstanden. Dafür steht der oft verwendete Ausdruck »Genussfähigkeit«. Durchaus denkbar wäre ein konkurrierender Entwurf, der ästhetische Bildung zum leitenden Ziel des Literaturunterrichts erklärte, wie es sich bei Odenthal (2017) andeutet, der im Ästhetischen das Potenzial zur Humanisierung des postfaktischen Zeitalters erkennt.

den. Welche Handlungsmöglichkeiten sich nun für einen Literaturunterricht bieten, der sich auch literarische Bildung zum Ziel setzt, sollen die folgenden Seiten auch am konkreten Praxisbeispiel klären. Dabei wird der Eindruck entstehen, dass man das doch immer schon so gemacht habe – jedoch stimmt dies nur für den traditionellen Literaturunterricht.

Die bereits mehrfach zitierte Stavanger-Erklärung des Jahres 2019 steht mit diesem Ziel indirekt in Verbindung. Sie setzt bei einer Kritik der Abschaffung traditioneller Schriftmedien in Schulen an und liefert deutliche Forderungen für den handelnden Literaturvermittler:

> Man sollte Schülern und Studenten Strategien beibringen, die sie nutzen können, damit ihnen tiefes Lesen und höherwertige Leseprozesse auf digitalen Geräten gelingen. Außerdem bleibt es wichtig, dass Schulen und Schulbibliotheken die Schüler weiterhin zur Lektüre gedruckter Bücher motivieren und in den Lehrplänen entsprechend Zeit dafür vorsehen.
>
> Man sollte bei Lehrern und anderen Erziehern ein Bewusstsein dafür schaffen, dass der rasche und wahllose Ersatz von Druckwerken, Papier und Stift durch digitale Technologien im Primarbereich nicht folgenlos bleibt. Falls dieser Übergang nicht von sorgsam entwickelten digitalen Lerntools und Lerntechnologien begleitet ist, kann er zu einer Verzögerung in der Entwicklung des kindlichen Leseverständnisses und der Entwicklung kritischen Denkens führen.[31]

31 »Zur Zukunft des Lesen«, in: *Frankfurter Allgemeine Zeitung* (22. 1. 2019), https://www.faz.net/aktuell/feuilleton/buecher/themen/stavanger-erklaerung-von-e-read-zur-zukunft-des-lesens-16000793.html [24. 9. 2021].

Die in den vorhergegangenen Kapiteln genannten Probleme, die durch die Abschaffung des Lesens von Literatur und auch der Handschrift verursacht werden – Verlust des tiefen Lesens, der höherwertigen Leseprozesse, des kritischen Denkens –, werden hier klar benannt. Im Bereich der Unterrichtsmedien ist also aus dieser Erklärung zu folgern, dass es nicht das gleiche ist, den Umgang mit Literatur aus dem Bereich analoger Medien (Papier, Buch, Tafel) heraus auf digitale Medien wie E-Reader oder Tablets zu verlagern. Die zweite Forderung legt ein besonderes Gewicht auf die Bildungsvermittler, also Lehrende von Literatur in Schulen. Wie das dritte Kapitel zeigte, geht von ihnen ein kaum zu unterschätzender Einfluss aus. Sie sind imstande, auch bei SchülerInnen mit kaum geglückter literarischer Sozialisation ein Bewusstsein für die Wertigkeit von Literatur zu schaffen. Dies hat die Unterrichts- und Schulforschung in jüngerer Zeit erkannt, wobei der Ansatzpunkt hier in der Lehrerausbildung an den Universitäten liegt. Auch bei bereits unterrichtenden LehrerInnen können die folgenden Zielstellungen ein Überdenken anregen:[32]

1. In der Lehrerausbildung sollte mehr Gewicht auf die literaturbezogene Verantwortung der Lehrperson gelegt werden.

Jenseits aller pragmatischen, pädagogisch-methodischen oder institutionellen Umstände zeitigen vor allem die fach- und gegenstandsbezogenen Überzeugungen und Werthaltungen (also die literarischen Deutungsmuster) der Lehrperson Effekte hinsichtlich Unterrichtsorganisation und Unterrichtserfolg, hier verstanden als Nachhaltigkeit literaturbezogener Überzeugungen und Werthaltungen bei SchülerInnen. Damit ist nichts ausgesagt über Unterrichtserfolg als (messbare) Erlangung von Kompetenzen – Schule ist jedoch mehr als das. Es

32 Vgl. zum Folgenden Dawidowski/Hoffmann/Stolle 2019, 283 ff.

kommt auf den Lehrer und seine Haltung gegenüber Unterricht und Unterrichtsgegenstand an, so die Hauptaussage der Hattie-Studie. Hinsichtlich des »outcomes« von Unterricht formulierte Hattie klare Ergebnisse: Arbeitsbedingungen, Strukturen und Methoden sind langfristig irrelevant, den SchülerInnen ist Leidenschaft und Liebe zum Fach zu vermitteln, sie sind als Personen zu behandeln, nicht als Erfüllungsgehilfen eines Lehrplans. Ausgebildete LehrerInnen haben dabei messbar deutlich größere Unterrichtserfolge (vgl. Hattie 2013, 279 ff., vgl. Wiersing 2015, 965). Auch für Hattie liegt der Ansatzpunkt für guten Unterricht in der Lehrerausbildung; hier gilt die Vermittlung von Liebe und Leidenschaft zum Fach als unhintergehbar (natürlich neben der Vermittlung von Fachwissen). Die Lehrerausbildung auch in der Fachwissenschaft muss hier ansetzen und deutlich machen, dass die Überzeugungen gegenüber dem Fach und seinem Gegenstand Literatur zumindest in höheren Klassen maßgeblich für Unterrichtserfolge sind. Eine deutliche Affinität zum literarischen Lesen auch komplexerer und historischer Werke ist damit Voraussetzung für ein Lehramtsstudium im Fach Deutsch – ansonsten wird SchülerInnen nicht vermittelt werden können, welchen Wert Literatur für unsere Gesellschaft jenseits von ihrer (höchst prekären) Eigenschaft als Prüfungsgegenstand besitzt.

2. In der Lehrerausbildung sollte die symbolische Dimension von Literatur bewusst gemacht werden.

Diese Forderung bezieht sich auf den Gegenstand des Unterrichts: Literatur. Literatur ist vor allem jenseits ihrer »Fachlichkeit« für Unterricht relevant. Deklaratives Wissen über Gattungen, Werke, Epochen oder Interpretations- und Analysekompetenzen sind es nicht, die den Umgang mit Literatur in Schulen hauptsächlich rechtfertigen. Literatur als Kunst wirkt in bester traditionsstiftender Wirkungsmächtigkeit auf ganz anderen Ebenen im Bewusstsein der beteiligten Akteure nach, die Literatur immer daraufhin befragen, was sie für die individuelle literarische Sozialisation und damit für die individuelle Biographie bewirkt hat. Es geht um Andockmöglichkeiten eines literarischen Kosmos zum individuellen Welt- und Menschenbild. Die Frage nach der symbolischen Aufladung von Literatur steht also im Zentrum: Wie betrachtet die Lehrperson gemeinsam mit SchülerInnen Literatur? Die Funktionen von Literatur müssen innerhalb der Lehrerausbildung allerdings nicht nur bewusst gemacht werden, denn soll Literatur auch weiterhin als traditionsstiftende und welterklärende Kunstform zur Verfügung stehen, müssen bestimmte Dimensionen von Literatur in einem akademischen Literaturstudium des Lehramts so vermittelt werden, dass sie als eigene erkannt und angenommen werden. Dazu gehören vor allem auch Sichtweisen, die Literatur als persönlichkeitsbildend, als Selbsterkenntnis befördernd, kurz: als Bildungsmedium betrachten. Literatur im Wesentlichen als Lernmedium oder als Mittel zur Erreichung formaler Bildungsziele zu betrachten, kann als problematisch im Zusammenhang von Vermittlungsprozessen betrachtet werden. Thomas Zabka verwies 2015 in einem programmatischen Beitrag auf den Charakter des Faches Deutsch als künstlerisches Fach und bettete es damit in seinen literaturbezogenen Bereichen in die Trias Literatur – Musik – Kunst ein. Ästhetische Gegenstände verlangen andere Betrachtungsweisen als Sprache oder Naturwissenschaften, denn »Literaturunterricht ist Unterricht in einem künstlerischen Fach« (Zabka 2015, 137). Daraus zieht er die auch bildungspolitisch brisante Conclusio: »*Reife* im Umgang mit Literatur im Sinne einer basalen akademischen Bildung erweist sich in dem Wissen, dass Fähigkeiten der Analyse und Interpretation funktionslos bleiben, wenn die ästhetische Wirkung der Gegenstände nicht erfahren wird.« (Ebd., 140) Auch dabei bleibt es nicht, denn Zabka macht deutlich, wie dieses Ziel zu erreichen ist: »Es geht um das raumzeitliche Hineinholen des Gegenstands – also des literarischen Textes – in unsere semantische Gegenwart« (ebd.). Rezipienten und Texte müssen sich annähern, der Leser muss bereit sein, sich »verstricken« zu lassen und den Text als Teil seines Lebens zumindest probeweise gelten zu lassen. Dies muss auch in der Lehrerausbildung erfahrbar gemacht werden, damit es im eigenen Unterricht zur Erfahrung der SchülerInnen werden kann.

3. In Schule und Hochschule sollte Raum für echte Ko-Konstruktionen geschaffen werden.

Diese Forderung bezieht sich auf die Aushandlungsprozesse mit Literatur. Im dritten Kapitel wurde ein ernüchterndes Studienergebnis genannt: Echte Ko-Konstruktionen jenseits von Unterweisung und »teaching to the test«, also literarische Unterrichtsgespräche, wie Gerhard Härle und seine Mitarbeiter sie definiert haben (vgl. Steinbrenner [u. a.] 2014), konnten nur in wenigen Kursen beobachtet werden. Dabei handelte es sich um Anschlusskommunikationen im eigentlichen Sinne: durchaus auch konfrontative, Dissens zulassende Gespräche, in denen SchülerInnen sich zwar häufig am Deutungsmuster der Lehrperson »abarbeiteten«, jedoch ihre abweichenden Meinungen bis zum Schluss vertreten konnten, ohne dass der Gegenstand Literatur in Lern- und Prüfungskontexte überführt wurde. Die Voraussetzung dafür scheint eine solche »Verstrickung«, wie Zabka sie erwähnt, zu sein, denn nur solche LehrerInnen, die ein entsprechendes Deutungsmuster haben, lassen sie zu. Warum messen wir Ko-Konstruktionen und literarischen Gesprächen einen eigenen Wert zu? In einer aufklärerischen Tradition ist das literarische Gespräch, in dem Wertigkeiten und Deutungsmuster konstruiert werden, Teil einer bürgerlichen Kultur, die auf Mitbestimmung und Demokratisierung setzt, dabei die Erfahrungen Einzelner zu Wort kommen lässt und sie legitimiert. Das literarische Gespräch und die Erfahrung von ko-konstruktiven Prozessen verfügt also über eine politische Dimension der Willens- und Meinungsbildung, die allerdings voraussetzt, a) dass eine innere Beteiligung (Verstrickung) bei allen Teilnehmern gegeben ist; b) dass Dissens zugelassen wird. Nur auf diesem Wege kann das Gespräch in der Klasse / im Kurs zu einem Modellfall demokratischer Kultur werden, die nicht durch unhinterfragbare Hierarchien erstickt oder durch Desinteresse und Beliebigkeit verlandet. Für solche Gespräche bieten sich ästhetische Gegenstände in der kulturellen Tradition Europas immer wieder an, ermöglichen sie doch Probehandeln in ihrem Potenzial zur Abbildung von Gesellschaft und Individuum. Der Wandel von Bildungsinstitutionen zu Dienstleistungsunternehmen im Sinne einer ökonomisierten Zielrichtung von Bildung läuft allerdings Gefahr, die oben genannten Voraussetzungen zu beseitigen, indem immer schon klar ist, dass Literatur ohnehin nur dazu dient, das System zu durchlaufen für bildungsferne Zwecke wie Sozialstatus und Gewinn. Schulen und Universitäten sollten daher Raum schaffen für echte diskursive Begegnung, die Literatur erfahrbar macht als ästhetisches und persönlichkeitsbildendes Medium.

Diese Forderungen an die Lehrerausbildung im Fach Deutsch haben Auswirkungen auf den Unterricht. So (oder anders) ausgebildete Lehrende erfüllen Voraussetzungen (oder tun es nicht), ohne die literarische Bildungsvermittlung nicht gelingen kann. Es ist deutlich, dass es für solche Unterrichtsstunden kein Muster geben kann. Zu groß ist die Abhängigkeit von der Person der/des Unterrichtenden und seinen/ihren persönlichen Erfahrungen im Umgang mit Literatur, zu groß auch die von der Zusammensetzung der Klassen und den literarischen

Sozialisationsverläufen der SchülerInnen. Zu groß sind auch die Abhängigkeiten von inhaltlichen Vorgaben in unterschiedlichen Schulformen und -stufen. Noch nicht einmal Lesekompetenz muss als Voraussetzung gelten, denn problemlos können literarische Erfahrungen im Modus des Vorlesens oder des Bilderlesens an Kinder und Jugendliche ohne ausreichende Lesekompetenz vermittelt werden. Es gibt sicherlich auch keinerlei methodische Einschränkungen oder Vorgaben: Bildende Erfahrungen mit Literatur können durch sehr viele Methoden angeregt werden. Die folgenden Auflistungen von Voraussetzungen, Zielen und Problemkonstellationen sollen daher zunächst ein Handlungsfeld Literaturunterricht abstecken, das bildende Erfahrungen ermöglicht oder erschwert, bevor abschließend ein konkretes Beispiel zeigt, wo im alltäglichen Unterricht solche Dimensionen verborgen sind – und wo es sie zu stärken gilt.

1. Voraussetzungen

Das »didaktische Dreieck« beschreibt das Handlungsfeld Unterricht (rahmender Kasten) als ein unlösbares Geflecht seiner Komponenten SchülerInnen (S), LehrerIn (L) und Gegenstand (G):

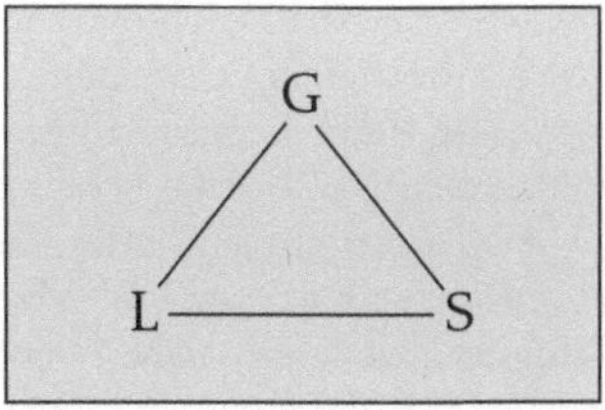

Das *Handlungsfeld Unterricht* wird durch Vorgaben bestimmt. Eine Voraussetzung für literarische Bildungsvermittlung ist hier, dass solche Vorgaben ausreichend Freiheit und Zeit für auch persönliche Zugänge zum literarischen Lesen geben. Dies bedeutet: Freiheiten in der Textauswahl, Freiheit in der Methodenwahl, (temporäre) Freiheit vom Notendruck. Immer wieder sind Klagen zu hören, dass insbesondere nach der Zentralisierung des Schulwesens genau diese Freiheiten nicht mehr gegeben seien. Sicherlich haben zentrale Prüfungen und Lernstandserhebungen zugenommen – diese haben jedoch kaum zur Anhebung des stofflichen Niveaus geführt. Nur die Sekundarstufen II waren stark getroffen durch eine strikte Regulierung wie beispielsweise der Totalvorgabe von obligatorischen Stoffen, die mittlerweile jedoch in den meisten Bundesländern wieder dereguliert worden ist. Oft jedoch setzen sich Schulen selbst unter Druck durch »heimliche« (schulinterne) Curricula, die nicht immer didaktisch sinnvoll sind, sondern dem Bedürfnis nach Vergleichbarkeit und Arbeitserleichterung entsprechen (immer gleiche Unterrichtsreihen und Klassenarbeiten für alle). Hier neue Obligatoriken zu setzen erscheint kontraproduktiv.

Auf Seiten der *Lehrpersonen* müssen ausreichend deklaratives Wissen von und Souveränität im Umgang mit Literatur vorausgesetzt werden können, die in der Regel in einem Fachstudium erworben werden. Noch wichtiger: Nicht funktionalistische Einstellungen bezüglich des Gegenstandes Literatur müssen vorhanden sein, denn Begeisterung und Motivation sind nur vermittelbar, wenn sie Teil der Persönlichkeit der/des VermittlerIn sind. Angesichts starker Umbrüche innerhalb literarischer Sozialisationen gilt es hier, besonderes Augenmerk auf die Lehrerausbildung zu legen (siehe oben), die festsetzt, welcher Ausbildungsstand obligatorisch sein muss. Einer Beseitigung oder Einschränkung von fachlichen Inhalten im Studium (oder des gesamten Studiums!) muss daher mit großer Skepsis begegnet werden, denn dadurch fehlen in der Regel nicht nur Wissen und Kompetenzen im Umgang mit Literatur, sondern auch Werthaltungen gegenüber Literatur. Dies zeitigt deutliche Effekte auch im täglichen Unterrichten.

Zu unterrichtende *Schülergruppen* sollten in einem Maße konfliktfrei sein, dass Unterricht im Sinne der Führung eines literarischen Gesprächs, so kurz es auch sein mag, möglich ist. Hierarchiefreiheit ist in Schulen ein nie zu erlangendes Ideal, jedoch existieren Gruppenkonstellationen, in denen noch nicht einmal eine unter Notendruck stehende Vermittlung möglich ist – hier Ziele wie freiheitliche Persönlichkeitsbildung anzusetzen, wäre zunächst illusorisch. Unterricht gehorcht immer gruppensoziologischen Mechanismen, und die Gruppendynamik ist eine sehr entscheidende Bedingung für das Gelingen von Unterricht. Hier von Idealzuständen auszugehen, wäre naiv.

Der *Gegenstand* Literatur sollte auch als analoges Medium verfügbar sein. Dies scheint selbstverständlich, ist es jedoch in Klassen nicht mehr, die seit einiger Zeit im Rahmen von Schulversuchen als reine Tabletklassen unterrichtet werden. Gemäß den Forderungen der Stavanger-Erklärung darf gerade hier keine Obligatorik zum digitalen Lesen entstehen, auch wenn diese Versuche erfolgreich enden, sondern gerade im Umgang mit Literatur sollte die Obligatorik zum Buch bestehen bleiben. Neben dem bloßen Zugang muss als Voraussetzung eine grundlegende Bereitschaft bei Lehrenden und Lernenden gelten, sich (noch) mit analogen Medien auseinanderzusetzen. Ein grundsätzlicher Widerwille gegen das analoge Medium wird kaum zu überwinden sein.

Bezogen sich die »Voraussetzungen« noch auf das Handlungsfeld Unterricht mit seinen Akteuren, bildet für die folgenden Angaben das didaktische Geflecht aus Unterrichtszielen (Z), Methoden (M) und Gegenständen (G) die Bezugsmatrix, das so genannte »Planungsdreieck«. Dabei werden Gegenstands- und Methodenwahl immer von den übergeordneten Zielen bestimmt, die determinierend sind. Gegenstände und Methoden bedingen einander und sind kaum isoliert zu betrachten:

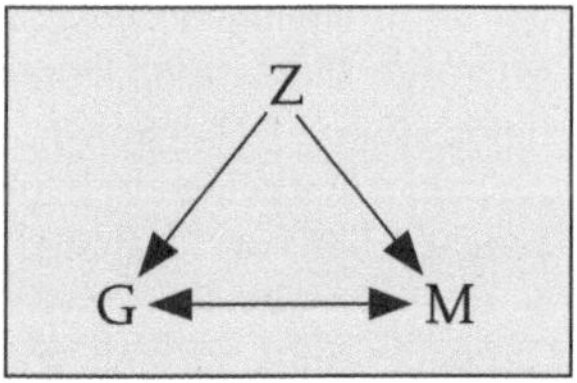

Die folgenden Bemerkungen setzen es sich zum Ziel, Problemfelder (»Don'ts«) zu identifizieren, die bei der Planung von Unterricht (Zielformulierung, Gegenstands- und Methodenwahl bezogen auf Reihen, Sequenzen, Stunden) aufkommen können – immer vorausgesetzt, die Lehrperson beabsichtigt eine literarische Bildungsvermittlung.

Hinsichtlich der *Unterrichtsziele* kann nur Vorstehendes wiederholt werden: Eine Absolutsetzung des »outcome« von Unterricht in Form von deklarativem Wissen oder prüfbaren Kompetenzen ist kontraproduktiv für das Ziel literarischer Bildungsvermittlung. Indem Literatur in solchen Konstellationen primär zur Notenbildung dient, werden die schulischen Funktionen der Selektion und Allokation überbetont, was zur Folge hat, dass der Unterrichtsgegenstand in der Sichtweise der

SchülerInnen funktionalisiert wird, also nicht mehr Selbstzweck ist. Dadurch wiederum wird das Vorgabenset (Kerncurriculum) zum heimlichen Unterrichtsgegenstand und entfaltet eine unheilvolle Autonomie. Indem LehrerInnen und SchülerInnen nun gemeinsam »in einem Boot« sitzen, um die als Gängelung empfundenen Vorgaben zu bewältigen, entsteht im Unterricht eine Konsensorientierung und ein gemeinsames Feindbild, das die »outcome«-Orientierung möglicherweise in Frage stellt, jedoch Unterricht an ihrem Faden ablaufen lässt als Erfüllung des Lehrplans – nach Hattie die problematischste Form von Unterricht.

Hinsichtlich des *Gegenstandes Literatur* entstehen planungsbezogene Probleme dann, wenn beispielsweise aus Gründen der Überforderung oder der Problemumgehung Literaturvermeidung eintritt. Die Lehrperson bemerkt zum Beispiel, dass erforderliche Kompetenzen ebenso gut durch pragmatische oder audiovisuelle Texte erreichbar sind, weiß auch aus Erfahrung, dass diese (bei ihr und den SchülerInnen) besser »funktionieren«, denn sie sind vielleicht motivierender oder ihre Aussage ist leichter greifbar. Literaturvermeidung kann auch durch Lernstandserhebungen eintreten, deren Aufgabensets sich nur noch auf Informationsentnahme beziehen. Literarische Texte werden dann quasi pragmatisch gelesen. Dieser Fall tritt auch ein, wenn ein literarischer Text wie eine Ballade in einer Klassenarbeit zu einem Bericht umgeschrieben werden soll, also nur noch als Informationsreservoir dient. Hier wird die literarische Qualität von Literatur schlicht ignoriert. Es gibt zahlreiche weitere Formen von Literaturvermeidung, so häufig die Verfilmung oder (in jüngerer Zeit) Theatralisierung des Romans, um den mühsamen Leseprozess durch die Veranschaulichung zu erleichtern. Auch bei einem solchen medialen Transfer geht es Lehrenden oft nur noch um Plot und Informationsgehalt des Textes, denn die literarische Qualität geht notgedrungen beim medialen Transfer verloren (selbstverständlich gibt es dann eine andere, filmische oder inszenatorische Qualität, die jedoch nicht mehr eine literarische ist). Literaturvermeidung tritt auch ein, wenn die obligatorische Ganzschriftenlektüre bewusst am Ende des Schulhalbjahres platziert wird, »zur Erholung«. Wenn dann die Stunden nicht ausreichen oder SchülerInnen, deren Noten längst feststehen, weil alle Klassenarbeiten geschrieben sind, nicht mehr zum Lesen zu animieren sind, reicht oft wieder die Verfilmung in den letzten Stunden vor den Ferien. Das Signal an Jugendliche ist fatal: Das »Wichtige«, weil zu Bewertende, ist geschafft (Grammatik, Bewerbungsschreiben, Erörterung), den Rest nehmen wir nicht so ernst.

Hinsichtlich der *Methodik* im Umgang mit Literatur gilt nun folgerichtig, dass sie die Berührung mit den literarisch-ästhetischen Qualitäten von Literatur wie auch den persönlichkeitsbezogenen Dimensionen ermöglichen soll. Das »Don't« besteht also in der Zurüstung auf abfragbares Wissen und prüfbare Kompetenzen, was in der Regel durch die Konzentration auf Inhalt und Formanalyse, bei höheren Klassenstufen auf Epochen- oder Gattungszuordnungen erreicht wird, denn hier gibt es (scheinbar) ein klar zu identifizierendes Richtig und Falsch. Das eigentliche Interpretationsgespräch fällt dann meist kurz aus, dabei berührt es das, was Literatur im Bewusstsein der Jugendlichen ausmacht: den Bezug zur eigenen Person (auch im Horizont der Identitätsfindung) und die Eigentümlichkeit, vielleicht Schönheit des literarischen Textes. Dabei spielt die Wahl der Methode im engeren Sinn (also die Methodik einer einzelnen Sequenz oder Stunde) eine untergeordnete Rolle, denn solche Interpretationen und Anverwandlungen sind durch vielfältige Methodenarrangements erreichbar. Sicherlich: Multiple Choice-Testungen und Lückentexte zur Inhaltssicherung sind nicht so wirksam wie eine handlungsorientierte und spielerische Umsetzung. Auszuschließen ist jedoch nicht, dass auch Testungen, geschickt eingesetzt, Zugänge bahnen können.

3. Empfehlungen

Die folgenden Bemerkungen listen nun nach dem gleichen Schema und wiederum am »Planungsdreieck« orientiert, die »Dos« der Unterrichtsplanung auf, die sich literarische Bildungsvermittlung zum Ziel setzt. Hier nun in der umgekehrten Reihenfolge, da sich direkt aus dem Vorstehenden ergebend:

Hinsichtlich des *Methodischen* ist die Vielfalt der Zugänge eminent wichtig, um verschiedene Lerntypen mit unterschiedlichen literarischen Sozialisationsverläufen ansprechen zu können. Ob dies hermeneutisch verfahrende Texterschließungen, handlungs- und produktionsorientierte Methoden oder gar Verfahren sind, die die Vermittlung eines »poststrukturalistischen Bewusstseins« anzielen: wesentlich bleiben die literarisch-ästhetische Qualität von Literatur, ihr »Gemachtsein« und vor allem ihr Bezug zur Schülerpersönlichkeit. Neben Formanalytischem sollte also die Interpretation (Was sagt *mir* das? Was sagt *uns* das?), die vor allem in literarischen Gesprächen verhandelt wird, im Zentrum stehen. Handlungs- und produktionsorientierte Verfahren können, müssen jedoch nicht zur Interpretation führen – texterschließende (hermeneutische) Verfahren sollten es immer. Die literarische Sozialisationsforschung betont seit ihren Anfängen in den 1970er Jahren die enorme Relevanz von Anschlusskommunikation für die Ausbildung von Lesefreude und Leseverstehen: Es muss über Literatur gesprochen werden, nachdem man sie gelesen hat. Das Reden allein hilft jedoch dabei nicht, denn noch immer geht dem das Lesen voraus – Gespräche über Angelesenes,

Halbverdautes oder gar über »Informationen aus zweiter Hand« (Zusammenfassungen im Internet) führen angesichts fehlender oder inszenierter emotionaler Beteiligung kaum weiter.

Auch im Bereich des *Gegenstandes Literatur* ist das oberste Gebot die Vielfalt von Texten, jedoch: literarische (dazu gehören auch filmische oder digitale Gestaltungen) und auch analoge (Bücher) sollten dabei sein. Zu zeigen, was eine filmische Erzählung ausmacht oder wie ein kollektiver literarischer Text in einer Blogform entsteht, ist notwendig und wichtig, kann und darf jedoch die (analoge) Textlektüre nicht ersetzen. Ähnliches gilt für die Wahl zwischen Bestsellerliteratur, trivialen Formen, KJL und sogenannter »Hochliteratur«: Letztere nur aufgrund des erschwerten Zugangs in der Sekundarstufe I auch an Gymnasien auszuschließen, wird den Bruch beim Eintritt in die Qualifikationsphase eminent erschweren. Die Lektüre eines klassischen Dramas mit Achtklässlern kann begeistern, wenn den Jugendlichen deutlich wird, dass das Aufbegehren Tells oder der Eigensinn Götz von Berlichingens ihrer eigenen Gefühlslage entspricht, und dass die Lieblingsserie bei Netflix exakt den gleichen Kompositionsprinzipien folgt wie der Fünfakter. Wichtig scheint allerdings dabei, eine solche Problemorientierung nicht in der Stunde nach der Klassenarbeit »anzuhängen«, sondern die gesamte Reihe entlang dieser Zielstellung (Lebensweltanbindung zum Zwecke der Persönlichkeitsbildung) zu planen. In (beinahe) jeder Stunde sollte Lernenden deutlich werden: Das hat etwas mit mir zu tun.

Damit sind längst die *Ziele* angesprochen. Lebensweltanbindung und Problemorientierung müssen grundsätzliche Prinzipien sein, um einen Subjektbezug herzustellen und damit Persönlichkeitsbildung zu ermöglichen. Nur so kann auch Lesemotivation geschaffen werden, denn nur durch den Mehrwert und die Sinnhaftigkeit für die eigene Person und das subjektive

Erleben wird Literatur im Jugendalter als Gewinn bringend erachtet. Der Wert der literarischen Tradition und auch der Nutzen für die Positionierung im Sozialgefüge als LeserIn (oder NichtleserIn), damit also das Prestige, sind sicherlich zusätzliche und nicht gering zu schätzende Faktoren, die jedoch oft erst im späteren Jugendalter (Sekundarstufe II) wichtig werden. Nichts davon ist didaktisch neu: Jürgen Kreft sprach sich in seiner bekannten Phasierung immer dafür aus, den Subjektbezug im Umgang mit Literatur stark zu machen. Seine Phasen 3 (Aneignung) und 4 (Applikation) explizierten diesen Sachverhalt (vgl. Kreft 1977, 379). Auch Juliane Köster und Stefan Matuschek haben sich in ihren *11 Thesen zum Literaturunterricht* (2019) diesbezüglich positioniert: Die ausgewählte Literatur müsse an die Lebenswelt der SchülerInnen anschließen; sie soll vor jeder Analyse oder Interpretation »Erfahrungen, die nah an der eigenen Wirklichkeit sein können, fremde Wirklichkeiten nahebringen« (ebd., 24); Literatur soll »nicht als fremde, alte Kunst, sondern als allgemein menschliches Potenzial zu verstehen [sein], das in der Literaturgeschichte kultiviert ist«, denn »[d]ieser persönliche Bezug zur Literatur als Erfahrungssimulator oder Artikulationsmöglichkeit von Erfahrungen und Imaginationen ist die Basis«. So »macht das Formulieren und Austauschen von Interpretationen den Literaturunterricht lebendig [...]. Die Notengebung muss sich aber davon fernhalten.« (Ebd., 25)

Heute jedoch geht es um mehr, nämlich auch angesichts scheiternder literarischer Sozialisationen in der Medienkonkurrenz (die zwar noch so heißt, aber keine mehr ist im Zeitalter der totalen Dominanz digitaler Medien) die Abwärtsspirale von Kompetenzmangel und Lesevermeidung aufzubrechen. Dazu bedarf es natürlich gründlicher Kompetenzschulung (vgl. Garbe 2020), jedoch muss auch diese im Rahmen von literarischer Bildungsvermittlung geschehen, denn nur die emotionale und motivationale Anbindung von Kompetenzen an die Person kann nachhaltig wirken. Wie bereits in der Einleitung zitiert, steht der Buchtitel Boelmanns und Königs für diese Tendenz: *Literarische Kompetenzen messen, literarische Bildung fördern* (2021). Die folgende Tabelle listet die oben ausführlich kommentierten Do's und Don'ts noch einmal verkürzt auf. Dabei ist unbedingt zu beachten, dass es sich um Extrempositionen in einem »weiten Feld« handelt. Die Vermeidung der Don'ts im Unterricht soll keinesfalls einem Rückfall in Unterrichtsformen der 1950er Jahre gleichkommen, jedoch gilt es, Zielen der Bildungsvermittlung (wieder) Raum zu geben.

	Do	Don't
Unterrichtsziele	Berücksichtigung von Problemorientierung, Subjektbezug, Lesemotivation	Absolutsetzen des »outcome« (deklaratives Wissen, prüfbare Kompetenz)
Gegenstand	Vielfalt an literarischen Texten, auch analoge Textlektüre	Literaturvermeidung als Problemumgehung
Methode	Vielfalt der Zugänge mit der Schülerpersönlichkeit und der literarisch-ästhetischen Dimension im Zentrum	Zurüstung der Methode auf abfragbares Wissen durch Testung, Quiz, Lückentext (Fokus auf Inhalt, Form, Epochen- und Gattungswissen)

Abschließend soll an einem einfachen Beispiel das Zusammenwirken von Ziel, Gegenstand und Methode veranschaulicht werden. Die folgende Kurzform einer 45-Minuten-Einheit in einer 9. Klasse ist ein Beispiel für einen traditionell aufgebauten Literaturunterricht ohne Medieneinsatz, ohne innere Differenzierung und ohne kooperative Methoden. Sie bietet nur das Skelett von Unterricht, das aus Gegenstand (das Drama *Biedermann und die Brandstifter* von Max Frisch in Buchform), Schülergruppe und Lehrperson besteht. Frisch thematisiert das Mitläufertum in der Gesellschaft am Beispiel des Protagonisten Biedermann, der in der Kernszene 4, um die es in der vorgestellten Stunde geht, das bereits Erahnte erkennen muss: Die auf seinem Dachboden beherbergten Gäste sind die gefährlichen Brandstifter. Die Klasse ist mit dem Analyseverfahren bereits vertraut, daher reicht eine Einzelstunde aus. Die Szene ist vorbereitend zu Hause gelesen worden, das gesamte Drama ist bekannt. Das Hauptziel dieser Stunde könnte so formuliert werden: Die SchülerInnen sollen Biedermanns Eingestehen der Wahrheit über die Brandstifter in der Szene 4 des Dramas erkennen, indem sie sich der Szene über ein Standbild nähern und in einer vertiefenden Einzel-/Gruppenarbeit die sprachliche und inhaltliche Dimension der Szene interpretierend erschließen. Die folgenden Ausführungen werden deutlich machen, worin hier die literarische Bildungsvermittlung besteht, und wie man dieses Skelett um die angeführten methodischen Elemente anreichern kann (das Beispiel ist entnommen aus Dawidowski 2016, S. 180 ff.).

U-Schritte / Phasen / Zeit	Sachaspekte/Verhaltens-aspekte	Sozial-formen
Einstieg (1')	Vorstellen des Stundenthemas: Analyse der Szene 4 über ein Standbild wie in HA vorbereitet	LV
Motivation und Modellierung (10')	Einigung auf eine Szene (erwartet: Biedermann setzt sich auf das Fass) In Kleingruppen werden ca. 3 Standbilder vorbereitet und im Plenum vergleichend diskutiert	GA, UG
	Mögliche Äußerungen/Handlungen der Schülerinnen und Schüler: – Bekunden von anfänglicher Unzufriedenheit – Verweise vor allem auf detailliertere Mimik – Biegen und Formen der Körper unter Begründungen (z. B. Biedermanns Inferiorität und Verdrängung, sein schließliches Eingestehen der Wahrheit) – U. U. Einfordern eines anderen »Schauspielers« – Letztliche Zufriedenheit	
Erarbeitung (15–20')	Unter welchem Aspekt sollten wir uns die Szene anschauen, wenn wir auch berücksichtigen, wie ihr das Standbild geformt habt und welche Schwierigkeiten dabei auftraten?	UG

Aspekt-gewinnung	*Mögliche Antworten:* – Biedermanns Charakter – Biedermanns Verarbeitung der Wahrheit – Verhältnis Biedermann – Willi (argumentative Abwägung und Einigung, alternativ auch gruppendifferenzierte Bearbeitung möglich)	
Abstrahierung, Entwicklung eines Leitgedankens und Formulierung des Vorverständnisses (Deutungshypothese)	Schaut euch noch einmal das Standbild an: Können wir bereits daran ablesen, wie es um Biedermann steht? *Mögliche Antworten:* – Einsicht in die Wahrheit – Verdrängung findet dennoch statt – Gewissensberuhigung funktioniert nicht mehr (argumentative Abwägung und Einigung, auch mehrere Hypothesen möglich) **Tafelbild**	
Detaillierte Textbearbeitung unter Vorgabe eines leitenden Aspektes	Nun müssen wir genau überprüfen, inwieweit euer erstes Verständnis des Textes richtig ist und welche Details ergänzt werden müssen. Schaut euch bitte zu zweit den Text daraufhin an, denkt dabei auch an sprachliche Auffälligkeiten.	GA, EA, PA

Sicherung und Vertiefung (10–15')	Einholung der Ergebnisse, **Tafelbild:** Biedermann … – betrügt sich zunächst selbst (Belustigung vortäuschend, deutliche Hinweise –»geschnappt« – ignorierend) und biedert sich an, wobei er Moralität und Gutmenschentum zur Schau stellt (Anbieten der Zigarre, Leugnen der Klassenunterschiede: Wdh. »wie aus einer anderen Welt«, rhetorische Fragen, Anrede »mein Herr«) – wird durch die Offenheit Willis an die schonungslose Wahrheit erinnert, er wird hier zum Mittäter (Zündkapsel, Halten der Schnur) – zeigt seine Kumpanei besonders sprachlich (Anrede wechselt: »Willi«), denn er möchte das Wissen um die Identität Willis verdrängen, um sein Gewissen zu beruhigen; durch Humor versucht er abzulenken – gesteht sich schließlich die Wahrheit ein (Standbildszene), bemüht sich aber wiederum um die Freundschaft der Brandstifter (Einladung)	SV UG

Verifikation der Hypothese Ergebnissicherung Vertieftes Verständnis	Zu welchem Ergebnis kommen wir, wenn wir nun noch einmal auf unseren ersten Eindruck zurückkommen? *Mögliche Antworten in Abhängigkeit von Hypothese und Analyse*: – Stimmigkeit – Unstimmigkeit – Notwendigkeit der Ergänzung	SV UG

Dieser Entwurf ist gekürzt und gibt vor allem den Kern der Stunde wieder: Die Heranführung an das Thema, die Erarbeitung einer Deutungshypothese und eines erkenntnisleitenden Untersuchungsaspektes sowie schließlich die Erarbeitung dieses Aspekts. Eine typisch kognitionslastige Stunde also, wie sie in der Vorbereitung auf die nächste Klassenarbeit hundert- oder tausendfach gehalten wird. Die folgende Tabelle zeigt in zwei Spalten in der chronologischen Reihenfolge der Stunde zunächst, worin hier literarische Bildungsvermittlung besteht. Die zweite Spalte listet dann Alternativen zur Differenzierung, zum Medieneinsatz oder zum Sozialformwechsel auf, die beliebig erweiterbar sind.

Phasen	Elemente literarischer Bildungsvermittlung	Alternativen und Erweiterungen
vor der Stunde	*Ziele und Methode*: Individuelle Auseinandersetzung wurde durch die vollständige Erstlektüre des Dramas und die gründliche Zweitlektüre einer Szene vorbereitet → Begegnung SchülerIn – Buch ohne konkreten Erwartungsdruck (Überprüfung)	*Differenzierung*: durch Verstehenshilfe leistende Ergänzungen und Visualisierungen (Teilzusammenfassungen), abschnittweise Zuteilungen, textvereinfachende Ausgaben *Medialisierung und kooperative Lernformen*: hier kontraproduktiv, denn die Erstbegegnung sollte a) das Buch, b) das Individuum umfassen und betreffen
Einstieg	*Ziel und Methode Standbildbau*: leistet eine gruppenbezogene Anverwandlung des Textes durch Handlungsorientierung → Persönlichkeitsbezogene Vorstellungsbildung, »Eintauchen« in Text mit allen Sinnen ohne konkreten Erwartungsdruck, Nähe von Literatur und Leben	*Differenzierung*: Standbildbau in leistungsdifferenzierter Gruppenarbeit mit direkter Unterstützung schwächerer Gruppen, koppeln mit medialen Formen *Medialisierung*: digitale Fotos (evtl. gruppenspezifisch) vergleichend zusammenstellen, bewerten und kommentieren über digitale Kanäle; digitale Comicfiguren über Bitstrips als Bild gestalten, vergleichend zusammenstellen und kommentieren; Textannäherung komplett über digitale Blog- und Kommentarfunktionen *Kooperative Formen*: Standbilderstellung in Gruppen mit Expertenaustausch (»Regisseure« kooperieren)

Erarbeitung	*Ziel Entwicklung eines Vorverständnisses (Deutungshypothese)*: Abstrahierung über das Standbild vereinfacht, um Erwartungsdruck zu schmälern; Deutungspluralismus zulassen und argumentativ abwägen → Anschlusskommunikationen ermöglichen, Offenheit als literarische Qualität zentral	*Differenzierung*: Abstrahierung über leistungsdifferenzierte Einzel- oder Gruppenarbeit mit geschlossenen oder offenen Aufgabensets *Medialisierung*: individuelle Deutungen in Einzelarbeit erstellen, über zentrales Lehrergerät projizieren, digitale Abstimmung nach Abwägung; digitales Mindmapping
Erarbeitung	*Ziel Textanalyse* in Anbindung an Vorverständnis, viele methodische Möglichkeiten (auch produktionsorientiert, z. B.: Umschreiben der Szene in erzählenden Text aus Biedermanns/Willis Perspektive): → Analyse nicht als Selbstzweck, sondern als Verifikation der subjektiven Annäherungsweise	*Differenzierung*: Textanalyse über Arbeitsblätter mit offenen oder geschlossenen Aufgabensets und/oder leistungsdifferenzierte Gruppen *Medialisierung*: Arbeitseinheiten als Lückentext oder Testung in digitalen Formaten, kooperative Lernformen mit digitalen Medien (z. B. Placemat) *Kooperative Lernformen*: Einteilung der Szene in Abschnitte, Expertenpuzzle, kooperative Lernformen mit digitalen Medien (z. B. Placemat)

Sicherung	*Ziel Verifikation der Hypothese / Interpretation*: → Interpretation als Ineinander von subjektiver Vormeinung und objektiver Analyse, dadurch verstärkter Subjektbezug, »Verstrickung« mit Text, Anschlusskommunikation	Vgl. Angaben unter »Erarbeitung«, jedoch sollte hier das gemeinsame literarische Gespräch im Sinne von Anschlusskommunikation unter kontrollierter Führung spätestens wieder einsetzen

Die Nachteile der *Erweiterungen und Alternativen* sind offensichtlich: Sie sind in der Regel sehr zeitintensiv in Vorbereitung, Durchführung und Nachbereitung, sind gefährdet, die Aufmerksamkeit der Jugendlichen vom Text und dessen Anverwandlung auf die Methode oder das Medium zu wenden, die dann zum Selbstzweck werden, und – damit eng zusammenhängend – durch die oft eingeschränkte Führung und Kontrolle der Lernprozesse (»Moderation« von Lernprozessen) können Lernziele aus dem Blick geraten. Im Gegensatz dazu ergeben sich die Vorteile einer Anbindung an eine digitalisierte und stark kollektive Lebenswelt Jugendlicher, außerdem natürlich Möglichkeiten zur Beteiligung weniger gut literarisch Sozialisierter. Hier ist im Einzelfall abzuwägen, was bedeutet, dass nur mit Blick auf die konkrete Lehr-Lern-Situation Vor- und Nachteile abgezogen werden können.

Im Rahmen einer literarischen Bildungsvermittlung gelten weitere Grundsätze für die Einbettung dieser Einzelstunde in eine Unterrichtsreihe zum *Biedermann*:

- Textauswahl: Das Stück ist ohne nennenswerte sprachliche Hürde. Das Thema »sozialer Druck und Mitläufertum« ist jederzeit auf die heutige Gesellschaft übertragbar (Parabelcharakter). Es handelt sich um ein exemplarisches Drama der deutschsprachigen Literatur nach 1945.
- Problemorientierte Ausrichtung der Reihe: Das Thema »sozialer Erwartungsdruck und Mitläufertum« sollte an die Erfahrungswelt der Jugendlichen angeschlossen werden. Die Eröffnungsstunde sollte über geeignetes, aktuelles Material z. B. aus sozialen Medien Beispiele präsentieren, die Jugendliche zum Mitläufertum verführen (Aussehen, Sozialstatus, Markenfetisch usw.). Mitläufertum aus Angst vor Gewalt, Statusverlust oder Bequemlichkeit sollte als Leitthema die Beobachtung des (fiktiven) Handelns Biedermanns strukturieren und determinieren.
- Die vorliegende Einzelstunde sollte daher unbedingt durch weitere Einheiten ergänzt werden, in denen Aneignungen und Applikationen zentral sind. Was hat diese Interpretation mit mir und uns zu tun, sollte hier die zentrale Frage sein, die durchaus auch produktionsorientiert bearbeitet werden kann.
- Lektüre im Zentrum: Das Stück sollte als Lesedrama verstanden werden, jedoch sollten zahlreiche handlungsorientierte Sequenzen die Vorstellungsbildung ermöglichen und die Eigenschaft des Textes als Vorlage für eine Inszenierung herausstellen. Ein Theaterbesuch sollte Bestandteil der Reihe sein. Wenn nicht möglich, ist die eigene theatrale Bearbeitung einer Szene oder einer Szenenfolge der Inszenierung »aus der Konserve« vorzuziehen.
- Historische Bezüge: Das Stück muss nicht notwendig als Folie gelesen werden, um soziale Mechanismen in der nationalsozialistischen Diktatur zu verstehen. SchülerInnen werden diesen Bezug voraussichtlich selbst thematisieren, auch

ist eine diesbezügliche Ergänzung unbedingt zu empfehlen. Es sollte jedoch vermieden werden, die Lektüre des Stücks auf seine Bezüge zum Nachkriegsdeutschland zu reduzieren, denn dadurch erscheint es den Lernenden (und Lehrenden) als Mittel zum Zweck des historischen Lernens, somit als durch einen pragmatischen Text oder eine Zusammenfassung ersetzbar, außerdem als etwas, das mit der unmittelbaren Gegenwart von Jugendlichen kaum etwas zu tun hat.

Das praktische Beispiel zeigt: Literarische Bildungsvermittlung hat wenig mit Methoden, medialen Erweiterungen oder inneren Differenzierungen zu tun. Sie ist unter Beachtung weniger und klarer Grundsätze wie Anbindung an das lernende Individuum und Zentralstellung des literarischen Textes als Zweck des Unterrichts umsetzbar, wenn einige Voraussetzungen erfüllt sind. Zu diesen gehören Lesefähigkeiten, Zeit und Bereitschaft, sich auf Literatur einzulassen, auf Schülerseite und Souveränität im Umgang mit und Begeisterung für Literatur auf Lehrerseite. Ferner müssen Lernende und Lehrende bereit sein, sich mit »analogen« Texten zu beschäftigen und Anschlusskommunikation (literarisches Gespräch) zu betreiben. Unterrichtsverteilungen, Kerncurricula und universitäre Modulordnungen müssen berücksichtigen, dass die Erarbeitung von Literatur Zeit benötigt – heute wahrscheinlich mehr als zu einer Zeit, als literarisches Lesen noch stärker in der Alltagsgestaltung Jugendlicher und Studierender verankert war. Das alles mag als zu große Herausforderung gelten, jedoch müssen hier Lehrerausbildung und Schule ineinandergreifen, wenn »literarische Bildung« nach wie vor als Zielstellung des muttersprachlichen Unterrichts Geltung beanspruchen soll. Nicht nur das Beispiel aus der »Einleitung« zeigt, dass möglicherweise ein Umdenken eingesetzt hat.

Epilog: Literarische Bildung und gesellschaftliche Krise

Wie eingangs bemerkt, ist dieses Buch in einer Zeit geschrieben worden, die wie keine weitere seit den Erfahrungen des Zweiten Weltkrieges den westlichen Gesellschaften ihre Schwächen und ihre Angreifbarkeit, sicherlich auch ihre Verwundbarkeit vorgeführt hat. Jugendliche und Kinder wachsen heute mit einem völlig gewandelten Krisenbewusstsein und damit einem klaren Bewusstsein ihrer eigenen Verletzlichkeit auf. Nicht nur mit den mehrfach genannten »digital natives« ist diese neue Generation beschrieben, sondern auch politische Erfahrungen spielen eine dominante Rolle: Nicht zufällig ist bezogen auf die »Post-Millennials« auch von der »Generation 9/11« oder der »Generation Greta« die Rede. Sollte es sich im Nachhinein als wahr herausstellen, dass die Corona-Krise die größte Krise seit dem Ende des Zweiten Weltkriegs ist, werden auch die Folgen dieser Krise ähnlich einschneidend sein und vor allem das Bewusstsein der »Generation Corona« nachhaltig prägen. Was hat das mit literarischer Bildung zu tun, so wie sie in den vorstehenden Kapiteln skizziert und erläutert wurde?

Ein Blick in die Literaturpädagogik der Nachkriegszeit zeigt erstaunliche Parallelen: Krisenbewusstsein und -bewältigung und Aufgaben des Literaturunterrichts gingen eine Allianz ein. Trost im christlichen Glauben und im Heimatgedanken waren im Westen zwei weitere und wesentliche Orientierungen für Kinder und Jugendliche in zerstörten Städten und oft vaterlosen und hungernden Familien, die durch Lebenshilfe-Konzepte (Applikation) gestützt und vermittelt wurden. So gründet Robert Ulshöfer als der bedeutendste Repräsentant der Literaturpädagogik der 1950er Jahre seine Methodik »nicht auf die Sprache an sich, sondern auf die sozialen, sittlichen, religiösen

Kräfte, aus denen das wahrhafte Wort hervorgeht« (Ulshöfer 1965, 22). Der Deutschunterricht muss anleiten »zum Verstehen der Sinnhaftigkeit des Daseins«, dieses ist »bezogen auf einen Ursinn« (Ulshöfer o. J., 1, 12). Verstehen und Verständnis sind »Grundlage unseres Menschseins« (ebd., 16). Im Sinnlichen ist das Übersinnliche (Religiöse) beheimatet. Jedes Verstehen entfaltet sich unter Anleitung des Lehrenden in Stufen: Das »Erlebnis« ist zunächst »spontanes, unmittelbares Betroffenwerden« (ebd., 18), welches zweitens im »Nachgestaltungsversuch« bewältigt, dann im »eigentlichen Verstehen« zum »Sinnerkennen« geführt wird (ebd., 19). Für jedes Erziehungsbemühen – denn Ulshöfer ging es im Kern um Persönlichkeitsbildung – existierte das »Leitbild des ritterlichen Menschen« für die »Charakterentwicklung des Jugendlichen« (Ulshöfer o. J., 2, 45).

Bedeutet dies nun die Revitalisierung religiöser Vorbilder, Männlichkeit und Stärke als Ziele heutigen Unterrichtens und den Rückzug ins Metaphysisch-Mystische zum Zwecke der Trostspendung? Sicherlich nicht. Ulshöfers Didaktik berücksichtigte jedoch nach dem Krieg die verzweifelte Lage der SchülerInnen und war bemüht, über das Element der Persönlichkeitsbildung diese Lage bewusst zu machen und zu bessern, selbstverständlich ganz im Horizont einer Zeit, die andere Wertmaßstäbe als heute kannte, in der vor allem auch der Glaube eine wesentliche Stütze war. Nicht zufällig sind es bis in die späten 1960er Jahre hinein aus dem Bereich der Gegenwartsliteratur viele dezidiert christliche AutorInnen, die den Literaturunterricht prägen.

Die Deutschdidaktik der 1970er und 1980er Jahre machte eine bedeutsame Kehrtwendung durch: Kritikfähigkeit und Demokratieerziehung, später dann Paradigmen wie Identitätsstärkung und interkulturelle Erziehung waren als persönlichkeitsbildende Elemente von literarischer Erziehung (»Erziehung durch Literatur«) prominent. Obgleich die Stoßrichtung sich immer wieder änderte, gab es doch im Moment der Persönlichkeitsbildung einen Basso continuo, der den Literaturunterricht prägte: Literatur wurde immer als bildendes Medium verstanden, mit dem man den ganzen Menschen und seine Ausbildung im Blick hatte.

Die Lage der heutigen Post-Millennial-Generation ist geprägt von zuvor nie gekannten Unsicherheiten und Irritationen, die auch erwachsenen Menschen das rational gesteuerte Handeln erschweren bis verunmöglichen. Hinsichtlich von Identität und Individuum sind dies Debatten um Gender und Race, um hybride kulturelle Existenz, um Flucht und Vertreibung und um multiple Identitätsbildung unter dem Einfluss der Digitalisierung; hinsichtlich des Verhältnisses von Individuum und Gesellschaft können Aspekte wie Globalisierung, Wertewandel, Bildungswandel, Demokratieverlust und Populismus, religiöser Fundamentalismus und zunehmende Kapitalisierung und Ökonomisierung nahezu aller gesellschaftlichen Verhältnisse genannt werden; das Verhältnis von Mensch und Natur empfinden wir heute als nachhaltig gestört und basal gefährdet angesichts des Klimawandels, des Artensterbens und des Diversitätsverlustes, der kapitalisierten Agrarindustrie und – in jüngster Zeit – der durch den Einfluss mehrerer dieser Faktoren beunruhigenden Seuchengefahr. All diese Phänomene sind kaum momenthaft oder punktuell; sie scheinen das menschliche Leben dauerhaft zu beeinflussen und zu gefährden, werden in der digitalisierten Informationsgesellschaft überdies mit hohem Tempo und wenig Verlässlichkeit beunruhigend schnell verbreitet.

Es sollte daher darüber nachgedacht werden, ob Schule, und damit der Literaturunterricht, nicht in der (pädagogischen) Pflicht stehen, Kinder und Jugendliche auf einem Weg zu begleiten, den auch ErzieherInnen und LehrerInnen nicht immer genau kennen. Literatur war seit 1945 im Unterricht ein Medium, das Reflexionsfähigkeit stärken, Persönlichkeit und Charakter herausbilden und in Anschlussgesprächen Aspekte mit Subjekt- oder Gesellschaftsbezug zumindest erörtern konnte. Vieles davon ist durch die Folgen des PISA-Schocks (Output-Orientierung, Zentralisierung, Messbarkeit von Leistungen) nahezu verschwunden; gestiegen jedoch ist im gleichen Zeitraum die Verunsicherung, in die die globalen und sozialen Zustände SchülerInnen gebracht haben.

Dabei ist es leicht, Vorlagen und Lektüren zu finden, die dazu dienen können, im Sinne einer literarischen Bildungsvermittlung persönlichkeitsbildend zu wirken und auch ästhetisch zu sensibilisieren. Zum Beispiel mit *Rotkäppchen, wie geht es dir?*, einem Bilderbuch von Claudia Gliemann (Autorin) und Regina Lukk-Toompere (Illustratorin) aus dem Jahr 2020. Es thematisiert Traumatisierung und Missbrauch und kann etwa im Vergleich zum Original oder weiteren Adaptionen gelesen werden. Ein Kinderroman wie *Pembo* (Ayşe Bosse und Ceylan Beyoğlu, 2020) zeigt ansprechend den sich aus Migrationsprozessen ergebenden gesellschaftlichen und individuellen Wandel – ein Vergleich zu einer bäuerlichen Kindheitsidylle wie in Romanen Lindgrens oder einer modern-städtischen, jedoch monokulturell geprägten Kindheit wie bei Erich Kästner oder Kirsten Boie (*Möwenweg*) bietet sich an. Will Hill erzählt in seinem All-Age-Roman *After the Fire* (2020) von Auswirkungen von religiösem Fanatismus auf Jugendliche, Lutz Hübner und Sarah Nemitz tun dies ebenfalls in ihrem Jugenddrama *Paradies* (2017); Gedichte von Klopstock oder Droste-Hülshoff, die zur religiösen Besinnung und Einkehr mahnen, mögen die historische Folie abgeben. Martin Schäuble geht bereits 2020 in Form einer Dystopie das Wagnis ein, in *Cleanland* eine Gesundheitsdiktatur als Antwort auf eine Pandemie zu schildern; Dave Eggers tut in *Der Circle* (2014) Ähnliches für eine von gigantischen Digitalkonzernen regierte Welt. Vergleiche mit klassischen Dystopien liegen hier nahe. Zuletzt nenne ich noch Mithu Sanyal mit ihrem Roman *Identitti* (2021) über eine Identitätsfindung und die Liebe in Zeiten der Ungewissheit von Gender und Race – warum nicht im Vergleich zum *Werther*?

Diese Vorschläge mögen an den staubigen Unterricht mit Problembüchern aus vergangenen Tagen gemahnen; die hier genannten Texte wären jedoch auch durch Filme ersetzbar. Ihr Stil ist wenig komplex und teils an Bestsellern oder jugendsprachlich orientiert. Die Liste ließe sich ins Unendliche fortsetzen. Wesentlich bleibt: Auch durch den Vergleich lassen sich leicht Anschlusskommunikationen initiieren, die bildenden Charakter haben und Kindern und Jugendlichen Aufschluss und eine Haltung gegenüber der sie umgebenden Welt vermitteln können. Freilich: Anschlusskommunikationen, die Nachhaltigkeit und Wirksamkeit beanspruchen wollen, können auf physische Präsenz und eine vermittelnde, authentische Persönlichkeit der oder des Lehrenden nicht verzichten.

Literaturverzeichnis

Abraham, Ulf: Was heißt und wozu dient heute literarische Bildung? In: Jahrbuch der Deutschen Schillergesellschaft 58 (2014) S. 418–424.

Assmann, Aleida: Arbeit am nationalen Gedächtnis. Eine kurze Geschichte der deutschen Bildungsidee. Frankfurt a. M. / New York 1993.

Baacke, Dieter / Frank, Günter / Radde, Martin: Medienwelten – Medienorte. In: Horst Dichanz (Hrsg.): Handbuch Medien: Medienforschung. Konzepte, Themen, Ergebnisse. Bonn 1998. S. 50–53.

Bellmann, Johannes [u. a.]: Nebenfolgen Neuer Steuerung und die Rekonstruktion ihrer Genese. Differente Orientierungsmuster schulischer Akteure im Umgang mit neuen Steuerungsinstrumenten. In: Zeitschrift für Pädagogik 62 (2016) H. 3. S. 381–402.

Boelmann, Jan / König, Lisa: Literarische Kompetenz messen, literarische Bildung fördern. Das BOLIVE-Modell. Baltmannsweiler 2021.

Bönnighausen, Marion: Intermedialer Literaturunterricht. In: Volker Frederking [u. a.] (Hrsg.): Taschenbuch des Deutschunterrichts. Bd. 2: Literatur- und Mediendidaktik. Baltmannsweiler 2010. S. 503–514.

Bollenbeck, Georg: Bildung und Kultur. Glanz und Elend eines deutschen Deutungsmusters. Frankfurt a. M. 1996.

– Tradition, Avantgarde, Reaktion. Deutsche Kontroversen um die kulturelle Moderne 1880–1945. Frankfurt a. M. 1999.

Bos, Wilfried [u. a.] (Hrsg.): ICILS 2013. Computer- und informationsbezogene Kompetenzen von Schülerinnen und Schülern in der 8. Jahrgangsstufe im internationalen Vergleich. Münster / New York 2014.

Bourdieu, Pierre: Die feinen Unterschiede. Kritik der gesellschaftlichen Urteilskraft. Übers. von Bernd Schwibs und Achim Russer. Frankfurt a. M. 2002.

Brinkmann, Malte: Didaktische Relationen: Geteilte Aufmerksamkeit als unterrichtliche Praxis des Zeigens und Aufmerkens. Ergebnisse aus der pädagogisch-phänomenologischen Videographie des Unterrichts. In: Dietrich Benner [u. a.] (Hrsg.): Beiträge zum chinesisch-deutschen Didaktik-Dialog (Perspectives on Sino-German Didactics Dialogue). Bad Heilbrunn 2018. S. 114–133.

– / Willatt, Carlos: Ästhetische Bildung und Erziehung. Eine phänomenologische und bildungstheoretische Vergewisserung. In: Zeitschrift für Pädagogik 65 (2019) H. 6. S. 825–844.

Büker, Petra / Vorst, Claudia: Kompetenzen und Unterrichtsziele im Lese- und Literaturunterricht der Grundschule. In: Michael Kämper-van den Boogaart / Kaspar H. Spinner (Hrsg.): Lese- und Literaturunterricht. Bd. 2. Baltmannsweiler 2010. S. 21–48.

Centralblatt für die gesammte Unterrichts-Verwaltung in Preußen. Jahrgänge 1871–1918. Online abrufbar unter: https://goobiweb.bbf.dipf.de/viewer/toc/985843438/1 [Stand: 17. 7. 2020].

Christensen, Jens: Der moderne Bildungsschwindel in Schule und Familie sowie im täglichen Verkehr. Leipzig 1886.

Christians, Heiko: Wilhelm Meisters Erbe. Deutsche Bildungsidee und globale Digitalisierung. Eine Inventur. Köln/Weimar/Wien 2020.

Christmann, Ursula: Lesepsychologie. In: Michael Kämper-van den Boogaart / Kaspar H. Spinner (Hrsg.): Lese- und Literaturunterricht. Bd. 1. Baltmannsweiler 2010. S. 148–200.

Dawidowski, Christian: Literarische Bildung in der heutigen Mediengesellschaft. Eine empirische Studie zur kultursoziologischen Leseforschung. Frankfurt a. M. [u. a.] 2009. Online abrufbar unter: www.peterlang.com/view/title/52649 (Stand: 17. 7. 2020). [Zit. als: 2009a.]

– Bildung und Deutschunterricht. Synopse historischer und systematischer Definitionen vom Neuhumanismus bis zur Gegenwart. In: Wirkendes Wort 3 (2009) S. 443–466. [Zit. als: 2009b.]

– Literaturdidaktik Deutsch. Eine Einführung. Reihe StandardWissen Lehramt. Paderborn 2016.

– Der Literaturunterricht im digitalen Zeitalter. Status quo und Optionen für die Zukunft, in: Till Dembeck / Jennifer Pavlik (Hgg.): Medienwissenschaften und Mediendidaktik im Dialog. Zum Status Quo von Medienbildung im Deutschunterricht. Berlin 2021, S. 17–40.

– / Hoffmann, Anna R.: Einstellungsdispositionen von Lehramtsstudierenden der Germanistik gegenüber Literatur und Literaturunterricht. Ergebnisse einer Fragebogenstudie. In: Mitteilungen des Deutschen Germanistenverbandes (2016) H. 2. S. 187–208.

– / Hoffmann, Anna R. / Stolle, Angelika: Ko-Konstruktion von literarischen Bildungsvorstellungen im Verlauf der gymnasialen Oberstufe. Frankfurt a. M. 2019.

Delgado, Pablo [u. a.]: Don't Throw Away Your Printed Books: A Meta-Analysis on the Effects of Reading Media on Reading Comprehension. In: Educational Research Review 25 (2018) S. 23–38.

Deutsches PISA-Konsortium: PISA 2000. Basiskompetenzen von Schülerinnen und Schülern im internationalen Vergleich. Opladen 2001.

Encyklopädie für das gesammte Erziehungs- und Unterrichtswesen. Elf Bände. Hrsg. von Karl Adolf Schmid. Gotha 1862.

Ennemoser, Marco / Schiffer, Kathrin / Schneider, Wolfgang: Die Rolle des Fernsehkonsums bei der Entwicklung von Lesekompetenzen. In: Norbert Groeben / Bettina Hurrelmann (Hrsg.): Lesekompetenz. Bedingungen, Dimensionen, Funktionen. Weinheim/München 2002. S. 236–250.

Fend, Helmut: Theorie der Schule. München/Wien/Baltimore 1981.

Fuhrmann, Manfred: Der europäische Bildungskanon des bürgerlichen Zeitalters. Frankfurt a. M. 1999.

– Bildung. Europas kulturelle Identität. Stuttgart 2002.

Gailberger, Steffen / Holle, Karl: Modellierung von Lesekompetenz. In: Michael Kämper-van den Boogaart / Kaspar H. Spinner (Hrsg.): Lese- und Literaturunterricht. Bd. 1. Baltmannsweiler 2010. S. 269–323.

Gaiser, Gottlieb: PISA und Output-Orientierung: Standards und Evaluation. In: Michael Kämper-van den Boogaart / Kaspar H. Spinner (Hrsg.): Lese- und Literaturunterricht. Bd. 1. Baltmannsweiler 2010. S. 381–411.

Garbe, Christine: Lesekompetenz. In: Ch. G. / Karl Holle / Tatjana Jesch: Texte lesen. Textverstehen, Lesedidaktik, Lesesozialisation. Paderborn 2009. S. 13–38.

– Lesekompetenz fördern. Stuttgart 2020.

– / Philipp, Maik / Ohlsen, Nele: Lesesozialisation. Arbeitsbuch. Paderborn 2009.

Goethe, Johann Wolfgang: Gesammelte Werke. Hrsg. von Bernt von Heiseler, Bielefeld 1958.

Grotlüschen, Anke / Riekmann, W.: Funktionaler Analphabetismus in Deutschland. Ergebnisse der ersten leo. – Level-One Studie. Münster 2012.

Hattie, John: Lernen sichtbar machen. Baltmannsweiler 2013.
Havenstein, Martin: Die Dichtung in der Schule. Frankfurt a. M. 1925.
Hegel, Georg Wilhelm Friedrich: Werke in zwanzig Bänden. Frankfurt a. M. 1970.
Helsper, Werner: Exklusive Gymnasien und ihre Schüler. Passungsverhältnisse zwischen institutionellem und individualisiertem Schülerhabitus. Wiesbaden 2018.
Herder. Ein Lesebuch. Ausw. von Günter Mieth und Ingeborg Schmidt. Berlin/Weimar 1986.
Herder, Johann Gottfried: Auch eine Philosophie der Geschichte zur Bildung der Menschheit. Stuttgart 1990.
Hiecke, Robert Heinrich: Der deutsche Unterricht auf deutschen Gymnasien. Ein pädagogischer Versuch. Leipzig 1842.
Hitler, Adolf: Mein Kampf. München 1942.
Hofstaetter, Walther (Hrsg.): Der neue Deutschunterricht. Leipzig/Berlin 1926.
Humboldt, Wilhelm von: Theorie der Bildung des Menschen. In: Bildung und Sprache. Eine Auswahl aus seinen Schriften. Besorgt von C. Menze. Paderborn 1959.
– Schriften zur Sprache. Hrsg. von Michael Böhler. Stuttgart 1995.
Hurrelmann, Bettina: Leseleistung – Lesekompetenz. Folgerungen aus PISA, mit einem Plädoyer für ein didaktisches Konzept des Lesens als kultureller Praxis. In: Praxis Deutsch, H. 176 (2002). S. 6–9. [Zit. als: Hurrelmann 2002a.]
– Zur historischen und kulturellen Relativität des »gesellschaftlich handlungsfähigen Subjekts« als normativer Rahmenidee für *Medienkompetenz*. In: Norbert Groeben und dies. (Hrsg.): Medienkompetenz. Voraussetzungen, Dimensionen, Funktionen. Weinheim 2002. S. 301–314. [Zit. als: Hurrelmann 2002b.]
– Bildungsnormen als Sozialisationsinstanz. In: Norbert Groeben / B. H. (Hrsg.): Lesesozialisation in der Mediengesellschaft. Ein Forschungsüberblick, Weinheim, München 2004. S. 280–305.
– Literalität und Bildung. In: Andrea Bertschi-Kaufmann und Cornelia Rosebrock (Hrsg.): Literalität. Bildungsaufgabe und Forschungsfeld. Weinheim/München 2009. S. 21–42.

Ibel, Rudolf: Politische Erziehung und deutscher Unterricht. In: Zeitschrift für deutsche Bildung 1933. S. 432–439.

Jakubanis, Matthias: Literarische Bildung und Migration. Eine empirische Studie zu Lesesozialisationsprozessen bei Jugendlichen mit türkischem Migrationshintergrund. Frankfurt a.M. 2015.

Kämper-van den Boogaart, Michael: Schönes schweres Lesen. Legitimität literarischer Lektüre aus kultursoziologischer Sicht. Wiesbaden 1997.

Kerncurriculum für die Grundschule. Schuljahrgänge 1–4. Hrsg. vom Niedersächsischen Kultusministerium. Hannover 2017. Online abrufbar unter: https://cuvo.nibis.de/cuvo.php?p=detail_view&docid=1484&ko_0=Schulbereich&vo_0=Primarbereich&ko_1=Fach&vo_1=Deutsch&ko_2=Dokumentenart&vo_2=Kerncurriculum. Zuletzt geprüft am: 22.9.2021.

Klieme, Eckhard: Was sind Kompetenzen und wie lassen sie sich messen? In: Pädagogik 56 (2004) H. 6. S. 10–13.

Köhnen, Ralph: Beruf oder Berufung? DeutschlehrerInnen im Fokus. Bochum / Freiburg i. Br. 2014.

Köster, Juliane / Matuschek, Stefan: Elf Thesen zum Literaturunterricht. In: Didaktik Deutsch 24 (2019) H. 47. S. 23–27.

Kreft, Jürgen: Grundprobleme der Literaturdidaktik. Eine Fachdidaktik im Konzept sozialer und individueller Entwicklung und Geschichte. Heidelberg 1977.

Krotz, Friedrich: Sozialisation in mediatisierten Welten. Mediensozialisation in der Perspektive des Mediatisierungsansatzes. In: Dagmar Hoffmann [u. a.] (Hrsg.): Mediatisierung und Mediensozialisation. Medien – Kultur – Kommunikation. Wiesbaden 2017. S. 21–40.

Lomberg, August: Präparationen zu deutschen Gedichten nach herbartischen Grundsätzen. Drittes Heft. Langensalza 1899.

Luhmann, Niklas: Soziale Systeme. Grundriß einer allgemeinen Theorie. Frankfurt a. M. 1987.

– Das Kind als Medium der Erziehung. In: Zeitschrift für Pädagogik 37 (1991) S. 19–40.

– Erziehung als Formung des Lebenslaufs. In: Dieter Lenzen / N. L. (Hrsg.): Bildung und Weiterbildung im Erziehungssystem. Lebenslauf und Humanontogenese als Medium und Form. Frankfurt a. M. 1997.

– Das Erziehungssystem der Gesellschaft. Frankfurt a. M. 2002.
Marci-Boehncke, Gudrun: Medienverbund und Medienpraxis im Literaturunterricht. In: Volker Frederking [u. a.] (Hrsg.): Taschenbuch des Deutschunterrichts. Bd. 2: Literatur- und Mediendidaktik. Baltmannsweiler 2010. S. 482–502.
Meier, Carolin: Webbasierte Leseförderung in der Grundschule am Beispiel von Antolin. Eine empirische Studie zur Lesesozialisationsforschung. Frankfurt a. M. 2019. [Zit. als: 2019a.]
– Webbasierte Leseförderung in der Grundschule am Beispiel von Antolin. Eine Zusammenfassung. In: Christian Dawidowski / Anna R. Hoffmann / Angelika Stolle (Hrsg.): Ko-Konstruktion von literarischen Bildungsvorstellungen im Verlauf der gymnasialen Oberstufe. Frankfurt a. M. 2019. S. 107–111. [Zit. als: 2019b.]
Merton, Robert K.: Soziologische Theorie und soziale Struktur. Berlin / New York 1995.
Möbius, Thomas: Empirische Forschung zum Einsatz digitaler Medien im Deutschunterricht. In: Volker Frederking / Axel Krommer / Th. M. (Hrsg.): Digitale Medien im Deutschunterricht. Baltmannsweiler 2014. S. 337–358.
Musolff, Hans-Ulrich: Bildung. Der klassische Begriff und sein Wandel in der Bildungsreform der sechziger Jahre. Weinheim 1989.
Nündel, Ernst / Schlotthaus, Werner: Angenommen: Agamemnon. Wie Lehrer mit Texten umgehen. München/Wien 1978.
Nünning, Ansgar (Hrsg.): Metzler Lexikon Literatur- und Kulturtheorie. Stuttgart 2008.
– The Mindfulness of the Long-Distance Reader and the Slow Professor. Thesen zur Bedeutung von Achtsamkeit, Bildung und Entschleunigung für die Lehrerbildung und Kulturwissenschaften. In: Michael Basseler / A. N. (Hrsg.): Fachdidaktik als Kulturwissenschaft. Konzepte, Perspektiven, Projekte. Trier 2019. S. 211–242.
Odendahl, Johannes: Ästhetische Erziehung in Zeiten des Postfaktischen. Zur Legitimation literarischen Lernens, in: Zeitschrift für Literaturwissenschaft und Linguistik 47 (2017) S. 413–428.
Peters, Ulrich: Deutsche Bildung gestern und heute. In: Zeitschrift für Deutsche Bildung 9 (1933) H. 7/8. S. 337–341.
Philipp, Maik: Lesesozialisation in Kindheit und Jugend. Lesemotiva-

tion, Leseverhalten und Lesekompetenz in Familie, Schule und Peer-Beziehungen. Stuttgart 2011.
Pieper, Irene / Rosebrock, Cornelia: Lesesozialisation in schriftfernen Lebenswelten. Lektüre und Mediengebrauch von HauptschülerInnen. Weinheim 2004.
Prensky, Marc (2001): Digital Natives, Digital Immigrants. Online abrufbar unter: http://www.marcprensky.com/writing/Prensky%20-%20Digital%20Natives,%20Digital%20Immigrants%20-%20Part1.pdf. [Stand: 1. 8. 2019.] S. 1.
Rager, Günther / Werner, Petra: Entwicklung und Struktur der Mediengesellschaft. In: Norbert Groeben / Bettina Hurrelmann (Hrsg.): Lesesozialisation in der Mediengesellschaft. Ein Forschungsüberblick. Weinheim 2004. S. 351–374.
Rammstedt, Beatrice (2013) (Hrsg.): Grundlegende Kompetenzen Erwachsener im internationalen Vergleich: Ergebnisse von PIAAC 2012. Münster 2013.
Raumer, Rudolf von: Die Aufgabe der deutschen Philologie. In: Deutsche Versuche. Erlangen 1861. S. 19–40.
Rohlfs, Carsten: Bildungseinstellungen. Schule und formale Bildung aus der Perspektive von Schülerinnen und Schülern. Wiesbaden 2011.
Rosa, Hartmut / Endres, Wolfgang: Resonanzpädagogik. Wenn es im Klassenzimmer knistert. Weinheim/Basel 2016.
Rosebrock, Cornelia: Leseförderung. In: Volker Frederking [u. a.] (Hrsg.): Taschenbuch des Deutschunterrichts. Bd. 2: Literatur- und Mediendidaktik. Baltmannsweiler 2010. S. 326–339.
– / Nix, Daniel: Grundlagen der Lesedidaktik und der systematischen schulischen Leseförderung. Baltmannsweiler 2008.
Schanze, Helmut: Integrale Mediengeschichte. In: H. Sch. (Hrsg.): Handbuch der Mediengeschichte. Stuttgart 2001.
Schön, Erich: Switching, Zapping, Zooming. In: Christine Garbe / Werner Graf (Hrsg.): Lesen im Wandel. Probleme der literarischen Sozialisation heute. Lüneburg 1998. S. 55–63.
Schönbach, Anton: Über Lesen und Bildung. Umschau und Ratschläge. Graz 1889.
Schorb, Bernd: Identität und Medien. In: Angela Tillmann / Sandra

Fleischer (Hrsg.): Handbuch Kinder und Medien. Wiesbaden 2014. S. 171–180.

Schuegraf, Martina: Medienkonvergenz. In: Ralf Vollbrecht / Claudia Wegener (Hrsg.): Handbuch Mediensozialisation. Wiesbaden 2010. S. 287–296.

Steinbrenner, Marcus [u. a.] (Hrsg.): »Seit ein Gespräch wir sind und hören voneinander«. Das Heidelberger Modell des Literarischen Unterrichtsgesprächs in Theorie und Praxis. Baltmannsweiler 2014.

Stolle, Angelika: Deutungsmuster von Lehrpersonen im Literaturunterricht der Oberstufe. Eine qualitative Studie. Frankfurt a. M. 2017.

Süss, Daniel: Mediensozialisation von Heranwachsenden. Dimensionen – Konstanten – Wandel. Wiesbaden 2004.

– / Hipeli, Eveline: Medien im Jugendalter. In: Ralf Vollbrecht / Claudia Wegener (Hrsg.): Handbuch Mediensozialisation. Wiesbaden 2010. S. 142–150.

Treumann, Klaus Peter [u. a.]: Medienhandeln Jugendlicher. Mediennutzung und Medienkompetenz. Wiesbaden 2007.

Ulshöfer, Robert: Methodik des Deutschunterrichts. Unterstufe. Stuttgart 1965.

– Methodik des Deutschunterrichts. Mittelstufe. 2 Bde. Stuttgart o. J.

Vodafone Stiftung (Hrsg.): Zwischen Ehrgeiz und Überforderung. Bildungsambitionen und Erziehungsziele von Eltern in Deutschland. Düsseldorf 2011.

Vosskamp, Wilhelm: Klassik als Epoche. Modell und Funktion der Weimarer Klassik. In: Wolfgang Wittkowski (Hrsg.): Verlorene Klassik? Ein Symposium. Tübingen 1986. S. 134–147.

Wackernagel, Karl E. P.: Der Unterricht in der Muttersprache. Stuttgart 1843.

Weber, Hugo: Die Pflege nationaler Bildung durch den Unterricht in der Muttersprache. Zugleich eine Darstellung der Grundsätze und der Einrichtung dieses Unterrichts. Leipzig 1872.

Weis, Robert / Cerankowsky, Brittany: Effects of Video-Game Ownership on Young Boys' Academic and Behavioral Functioning: A Randomized, Controlled Study. In: Psychological Science 21 (2010) H. 4. S. 463–470.

Wermke, Jutta: Literatur- und Medienunterricht. In: Klaus-Michael

Bogdal / Hermann Korte (Hrsg.): Grundzüge der Literaturdidaktik. München 2002. S. 91–103.

Wiersing, Erhard: Theorie der Bildung. Eine humanwissenschaftliche Grundlegung. Paderborn 2015.

Wieser, Dorothee: Literaturunterricht aus Sicht der Lehrenden. Eine qualitative Interviewstudie. Wiesbaden 2008.

Willenberg, Heiner: Lesen und Lernen. Eine Einführung in die Neuropsychologie des Textverstehens. Heidelberg/Berlin 1999.

Wrobel, Dieter: Individualisiertes Lesen: Leseförderung in heterogenen Lerngruppen. Theorie – Modell – Evaluation. Baltmannsweiler 2012.

Zabka, Thomas: Interpretationen interpretieren. Zur Erforschung von Unterrichtshandlungen, in denen literarischen Texten übertragene Bedeutungen zugeschrieben werden. In: Clemens Kammler und Werner Knapp (Hrsg.): Empirische Unterrichtsforschung und Deutschdidaktik. Baltmannsweiler 2002. S. 116–127.

– Was ist Hochschulreife im Umgang mit Literatur? In: Didaktik Deutsch. H. 38 (2015) S. 136–150.

Zum Autor

CHRISTIAN DAWIDOWSKI, geboren 1971 im Ruhrgebiet. Promotion 1999 an der Ruhr-Universität Bochum in der Literaturwissenschaft nach dem Studium der Fächer Deutsch und Philosophie, 1999–2001 Referendariat, 2001–2004 Studienrat an einem Iserlohner Gymnasium. 2004–2008 abgeordnet zum Zwecke der Habilitation an die Universität Siegen. 2008 Habilitation. 2008–2010 als Oberstudienrat tätig für die Bezirksregierung Arnsberg und das Schulministerium NRW. Seit 2010 Professor (W3) für Literaturdidaktik an der Universität Osnabrück. Forschungsschwerpunkte: empirische Literaturdidaktik (besonders qualitative Methoden, literarische Sozialisationsforschung), interkulturelle Literaturdidaktik, Mediendidaktik (Film), Geschichte des Deutschunterrichts, Literatur des 19. und 20. Jahrhunderts (Moderne, Postmoderne), Literaturtheorie (Poststrukturalismus).